算命学怪談
占い師の怖い話

幽木武彦

竹書房
怪談
文庫

算命学怪談
占い師の怖い話

幽木武彦

竹書房
怪談
文庫

まえがき

幽木武彦と申します。

算命学という占術を使い、日々、さまざまなお客様のご相談に応じています。

私が初めてこの不思議な占術を知ったのは、まだ昭和のころでした。

幼い時分から神秘的なものに強くひかれ、オカルト系の書物やＴＶ、星占いにのめりこんでいた私は、あるとき和泉宗章《いずみそうしょう》さんという高名な占術家がお書きになった『算命占星学入門』なる本を偶然書店で手にとり、この占いと出会いました。

算命学は古代中国、戦国時代に活躍した鬼谷子《きこくし》という人によって作られたといわれる運命学。

王家秘伝の軍略として、歴史の闇の中でひそかに伝承されてきたものが基本になっています（ただし、鬼谷子が実在の人物だったかどうかは諸説あり）。

占い師が最後にたどりつく占い――算命学はそんな風にも形容されます。

そしてたしかに、ときには驚くばかりの鋭さで、その人の宿命や運勢をズバリ的中させ、プロの占い師をもうならせるすさまじい力を見せつけてくれます。

そんな算命学を長いこと独学で学んだ私は、趣味が高じ、ついに複数の師匠に弟子入りして、さらに本格的に修業をするようになりました。

現在もまだまだ志半ばの学究の徒ではありますが、私なんかではいつまで経っても足もとにも及ばないすごい師匠たちのご指導のもと、一層深く、また広く、算命学という深淵にして広大な運命学の世界を航海する日々を送っています。

算命学は本当によく当たります。

また、実に不気味な占術でもあります。

算命学を知れば、霊感を持っている可能性の高い人まで分かると知ったときに感じた興奮は、今でも昨日のことのようにおぼえています。

――もしかして霊感、お持ちですか？

縁あって出逢ったお客様の命式（生年月日を干支に変換したもの）に「霊感アリ」のサインを見つけるたび、私はそんな風に問いかけるようになりました。

するとかなりの確率で「そんなことまで分かるんですか!?」ということになり、そんなやりとりを端緒にして、霊的に繊細なかたがたから怖い話をうかがうようになっていったのです。

それは、さらに深淵にして不可思議な世界でした。

ふつうの顔をして（というのも変ですが）、不倫問題だのお子さんとのトラブルだの、義母とのいさかいだの、仕事の不安だのを話していたお客様が、

――実は……。

別人のようになって語りだす怪談の薄気味悪さは、奇妙な怪異というものが私たちのすぐそこに当たりまえのように存在しているのだということを教えてくれました。

この本は、そんな風にしてお客様や友人、知人から聞いたどす黒い怪異を一冊にまとめたものです。

プライバシーには、極力配慮しました。

出てくる人物名をすべて仮名にしたり、オリジナルな怪異の魅力を極力そこなわない範囲で、適宜エピソードや登場人物に手を加えるなど、話を聞かせてくれたご本人に迷惑がかからないようにしてあることを、あらかじめお断りしておきます。

それでは、算命学の占い師が聞いた嘘のような本当の話を、どうぞご堪能ください。

著者

目次

二人、いる

私は算命学の占い師。

ネットでのメール鑑定を主戦場にしている。

だがかつては、週に二日か三日ほど、対面鑑定もおこなっていた。デパートやショッピングモールにある特設コーナーでのことである。

町場さんという女性を鑑定したのは、そんなある日のことだった。

当時四十代なかばだった町場さんは、ご主人と大学生の娘さんと暮らしていた。

パートで働くようになったコンビニで、彼女は還暦間近のオーナーと不倫関係になった。

「夫にはないやさしさに負けました。私、ファザコン気味のところがあるので」

町場さんは、色っぽい笑顔で首をすくめた。

肉感的な魅力に富んだ美しい女性。たおやかな笑顔の破壊力には、男を浮き立たせる魔性めいたものがあった。

彼女の依頼は、自分たちの恋はこれからどうなるか教えてほしいというもの。

不倫相手のコンビニオーナーは、病気がちでろくに店も手伝えない老妻にはとっくに愛など感じていないと言っているようである。

まだ若かった時分、幼いひとり娘を交通事故で亡くしたことも、夫婦の仲をひえびえとしたものにさせているようだと町場さんは言った。

私は町場さんとオーナーの生年月日を聞いた。

思わず眉をひそめた。

町場さんの日干支は「己亥《きのとい》」。

私が専門とする算命学では、生年月日を命式（年干支、月干支、日干支の六つ）に変換し、地支からみちびかれる二十八元（十二支の中に存在する複数の干）も加えて、宿命と運勢を鑑定する。

結論から言うと、二人の相性はよくなかった。今はよくても将来的には、なにかとトラブルが起こりやすい危険な組み合わせである。

しかしそれはそれとして、もう一つ気になることがあった。

「己亥」という干支は、全部で六十パターンある干支の組み合わせ中、十三個しか存在しない「異常干支」というものの一つだったのだ。

異常干支を持つ人間は、そうでない人間に比べて変わった人生を歩むことが多い。強い霊感を与えられる者も少なくなかった。

「霊感、お持ちじゃないですか」

私はとりあえず、そう水を向けた。

依頼内容とは関係なかったが、いきなり「お相手とはうまくいかない可能性が高いです」とは言えない。

町場さんは、そんなことまで分かるんですかと驚きながら、子供を産むまではたしかに霊感があったと興奮気味に言った。

しかし出産をしてからは、いつしかそうした能力は消えていたという。

だが結果的に、この後しばらくして、町場さんは約二十年ぶりに、突如として霊感を取り戻すことになったのである。

彼女がふたたび私の元を訪れたのは、それから半年ほど経ったころだ。

ふらりと現れた町場さんは、別人のようにやせていた。

半年前、私は鑑定結果を彼女に伝え、できることなら早めに関係を清算したほうが身のためですよと伝えた。

しかし町場さんは占いの結果に不服そうにし、憤然とその場を後にしたのだった。

「ずいぶんおやせになりましたね」

私は、力なく座りこむ町場さんに語りかけた。

ビジュアル的にはずいぶんすっきりとし、以前とは違った魅力も増していた。だがそれが喜ぶべき事態ではないということは、経験的によく分かっている。

案の定、問題が起きていた。

町場さんの家庭は崩壊の危機にあった。

まず障りが出たのは、娘さんだ。あれからほどなく、突如として幽霊を見るようになったという。

幽霊は子供だった。

六歳ぐらいの少女――黒く長い髪と、恨みがましい目つきが印象的だったという。

その少女は、いつも町場さんの隣にいた。町場さんがなにをしていてもその隣にじっと立ち、娘さんを睨んでくるのだという。

これまで幽霊など見たこともなかった娘さんは、やがて精神に異常をきたした。

霊などというものはいっさい信じない合理主義者の町場さんの夫は、わけの分からないことを言ってヒステリーを起こす娘さんを持てあまし、これまた軽いノイローゼになった。また、霊的なものがこの世に存在することは分かっているものの、自分の目でははっきりと娘さんの主張するものを見ることのできない町場さんも、かなり疲弊した。娘さんは専門の病院に入院した。

町場家に吹き荒れた激しい嵐は、いったんはそれで収束した。

だがほどなく、次の嵐が来た。今度は町場さんの夫が、妻の隣に幼い少女を見るようになったのである。

しかも、少女は二人に増えていた。

一人は黒く長い髪。もう一人は、その娘よりちょっと小さくて髪も短い。そんな二人の少女が、町場さんの両隣に無言で立ち、じっと夫を睨むようになった。

町場さんを気味悪がった夫は、彼女と一緒にはもう暮らせず、家を飛びだした。

彼女はパートの仕事を辞め、浮気相手とも別れた。

そんなことは絶対にあり得ないと高をくくっていたが、娘が壊れ、夫が壊れする内に、いやでも行きずりの占い師を思いだすようになったという。

「どうしたらいいんでしょう。もう彼とは別れました。別れてからは二度と会っていません。でも……」

別人のようにやせ細った町場さんは、強ばった顔つきで私を見た。

「いるんです。ここに」

薄気味悪そうに左右を見る。

「今度は、私が見るようになったんです」

訴える声はふるえていた。

「そうですか……二人？」

町場さんの左右を見て、私は聞いた。幸か不幸か、霊感とは縁がない。

「いいえ」

町場さんは言った。

「九人います、全部で」

その声は、今にも悲鳴に変わりそうだった。

「どうして九人もいるんでしょう」

「もう占い師の出る幕じゃないですね。知り合いを紹介しましょう。祈祷師として、一流の腕前ですよ」

げんなりとする町場さんに、私は言った。

あとで祈祷師に聞いたところでは、最初に現れ、その後もずっといた幽霊はオーナー夫婦の娘ではないかという。

母親を苦しめる町場さんに敵意を抱き、排斥しようとやってきたのだろうと。

ではいったい、あとの子供たちはなんなのか。

どうして九人にも増えたのか。

——さあ。野次馬なんじゃない。友達とか。みんな、さほど害はなかったよ。

祈祷師はそう言って私に笑った。

ちなみに、町場さんの娘さんの日干支は「庚子《こうきんのね》」、夫は「丁亥《ていかのい》」。家族そろって、みな異常干支であった。

恐怖の理由

島内さんは私より年下ではあるものの、占い師としては先輩に当たる人だった。

九星気学を専門としていた。

これは、そんな島内さんから聞いた話だ。

ちなみに彼は、半年前に自ら命を絶った。四十二歳だった。

社交的で活発だった島内さんは、大学や高校時代の友人たちともリアルやSNSで積極的につながり、仲よく交流をしていた。

高校時代からの悪友だったという桑野さんも、そんな仲間の一人だった。

ところが、ある日突然、その桑野さんが急逝した。

自殺だという噂だった。

雨の日の夕暮れ。横断歩道。桑野さんは車に飛びこんで命を落とした。

SNSに遺された最新の記事は、奥さんとの仲睦まじい写真とともにアップした、休日ドライブの投稿だった。

そんな桑野さんの突然の死を悼み、仲間たちからの哀悼コメントが、記事にはたくさんつけられたという。もちろん島内さんも、いきなり逝ってしまった友人を偲び、追悼の言葉を仲間たちに混じって寄せた。

書き手を失ったSNSの記事は、友人たちのコメントが書き連ねられたまま、当人の返事もない宙ぶらりんな状態で、ネットの世界に残ることになった。

ところが――。

「いきなり返信がついたんですよ。葬式が終わった夜に」

そのときの不気味さを思いだしたのか、島内さんは笑顔を引きつらせて私に言った。

最初はわけが分からなかった。誰かの悪戯だろうかともいぶかった。

だが、桑野さんはプライバシーにとても厳格だった。そんな彼の使っていたSNSのパスワードを、そう簡単に他人が悪用できるとも思えない。

なんにせよ、島内さんへのコメントは、重苦しいものに満ちていた。

『一生忘れない。お前のウラギリ』

島内さんは、背筋をゾゾッと粟立たせた。

やはりこれは、桑野さんが書いたものだと確信せざるを得なかった。

心にやましいことがあった。すでに関係は終わっていたが、一時期島内さんは、桑野さんの奥さんと不倫の間柄にあったのだ。

不貞の日々は二年ほどつづき、一年前に終わっていた。

桑野さんはもちろんのこと、誰にも知られないよう慎重に、こそこそと重ねた逢瀬だった。絶対にバレているはずはないという確信があった。

それなのに――。

島内さんは、すぐに桑野さんの奥さんに連絡を取った。だが思った通り、彼女は島内さんとのことを桑野さんに告げてなどいなかった。

すると、例の返信コメントはいったい誰が。

島内さんはパニックになったという。

あんなものがネットにさらされたままでは、正直生きた心地もしない。

しかし、そのことを桑野さんの奥さんに話すと、彼女は「そんな返信コメント、どこにもないよ」というのである。

そんなはずはない。

そう主張する島内さんに、奥さんはスクリーンショットまで送ってきた。

たしかに彼女の言う通りだった。

だが、自分のスマートフォンで確認すると、やはり表示されるのである――『一生忘れない。お前のウラギリ』という不気味なコメントが。

「いったいどういうことなんだろうなぁ」

酒を酌み交わしながら私と島内さんがする話は、自然に重苦しいものになった。

なんだかとても、いやな予感がしたことを覚えている。


島内さんが突然この世を去ったのは、それから一週間も経たない内だった。

桑野さんが亡くなった、同じ横断歩道で車に轢かれた。

陰鬱な雨の降りしきる、夕暮れのことだった。

島内さんは「甲戌《こうぼくのいぬ》」という異常干支所有者。

息絶えた彼の表情は、目を見開き、首筋を引きつらせ、叫び声を上げるかのように恐怖に歪みきっていたという。

島内さんの恐怖の理由は、事故によるものではなかった気が、私はした。

茜ちゃん

占いのお客さんの九割は女性である。

相談の内容は多岐にわたるが、やはり人間関係——特に男女の間柄についてのあれこれは、占い師がもっとも面と向かい合う相談ごとの東の横綱であろう。

「占いって、そのカップルが子供に恵まれるかどうかも分かったりするんですか」

ところがときには、そんな相談ごととともに、ブースを訪ねてくる人もいる。

しかも、私にしては珍しい三十代の男性だ。

「できますよ」

私は答えた。

熊寺さんという名の線の細い、大人しそうな雰囲気をただよわせた人だった。

聞いてみると、六年前に結婚した奥さんとの間になかなか子宝が恵まれない。

一度だけ、三年ほど前に奥さんが身籠もってくれたことがあったが、不幸にも、それは死産に終わったという。

それ以外はこの六年間、どんなに努力をしてもコウノトリの声が聞けなかった。しかも双方の親からは「まだか、まだか」としつこくせっつかれる。

奥さんはもうノイローゼ気味だ。

そのせいで夫婦の関係もギスギスし、近ごろでは子作りどころではなくなっているようである。

私が専門とする算命学では、その人物が命式に持っている干、持っていない干で、子縁を占うことができる。

熊寺さんと奥さんの命式を見てみると、果たせるかな、熊寺さんに子縁がなかった。いわゆる「子供中殺」の宿命でもある。

その上、熊寺さんと奥さんは、あまり好相性でもない。子供云々以前に、いつ空中分解してもおかしくない危険な組み合わせだった。

よく六年も持っていると、正直思った。

だがもちろん、聞かれてもいないのにそんなことまで話せない。

「僕のせいか……」

結果を告げられた熊寺さんは、気落ちしたように私のブースを後にした。

それが、二〇一七年の秋のことだった。

そんな熊寺さんがふたたびコンタクトを取ってきたのは、それから二年後。

今度はネットを通じてだった。

私はその年の年明けから、個人的なＷｅｂサイトとブログをスタートさせ、それを通じて全国各地、あるいは海外在住のお客さんからも鑑定依頼を受けつけるようになっていた。

熊寺さんは、彼が立ち去るときに渡した名刺から、ネット上の私に辿り着いたようである。

私は、二〇一七年とは違う場所で対面鑑定をしていた。

そこを訪ねてきた熊寺さんは一人ではなかった。彼よりはいくらか年かさにも見えるふくよかで愛らしい女性と、小さな女の子を連れている。

どう見ても、醸しだす雰囲気は親子のそれだった。

私は、以前におこなった自分の見立てがまちがっていたのかと思った。幸運にも、と言ってもいい。

だが待てよ。

あのころ子供がいなかったはずの熊寺さんの娘にしては、この女の子はちょっと大きすぎる……。女の子は、五歳か六歳ぐらいに見えた。

聞いてみると、熊寺さんは再婚をしたばかりだった。

一緒に来たのは新しい奥さんで、茜ちゃんという名のその女の子は彼女の連れ子。一度目の奥さんとは、結局あれからほどなく別れることになったという。

「よかったですね」

私は、熊寺さんと私にしか分からないだろう意味合いをこめて、彼を祝った。

私が言わんとする意味を察したらしい。

熊寺さんは照れ臭そうに相好をくずし、母親のうしろに隠れて顔を見せようとしない茜ちゃんに幸せそうに目を細めた。

しかし熊寺さんは、ただ再婚の報告をしに訪れたわけではなかった。

「先生。この子、なにか変わった宿命ですか」

人のよさそうな奥さんと二人、おそるおそる聞いてくる。

この子とは、もちろん茜ちゃんだ。

聞けばじっと家の中で、部屋の隅を見つめては、

「女の子が泣いてる」

と言うという。

しかもときには一緒になって、火の点いたように泣くこともあるらしい。

熊寺さんたちが、いったいどんな子なのかと聞くと、茜ちゃんは「パパ、ママと呼びながら泣きじゃくっている」と訴える。

年格好は、彼女よりいくらか下ぐらいだそうだ。

いつごろからかと私は尋ねた。

すると奥さんは「夫と一緒になってから急にです」と答えた。

妙なこともあるものだ。

そう思いつつ、私は奥さんのうしろに隠れて出てこない茜ちゃんの誕生日を聞いた。

全柱異常干支という宿命だった。

年干支、月干支、日干支のすべてが、人とは変わった特徴を持つようになると言われる異常干支で構成されている。

こういう宿命の人は、ひときわ変わった人生行程を歩みやすい。

私はそのことを、熊寺さんたち夫妻に説明した。そして話をしている内に、やがて一つの可能性に気づく。

丁重に奥さんの許しを得、熊寺さんと二人で話すことにした。

「失礼ですが、前の奥さんが死産されたお子さんの性別は」

「女の子です」

「やっぱり……それじゃ、そのお子さんだと考えるのはどうでしょう、茜ちゃんが見ているのは」

私はそう私見を述べた。

霊感があるわけではないので、実際のところは分からない。

だが、離婚という不幸な結末を選択した両親を、亡くなったその子は孤独に成長しながらずっと嘆き悲しみ、熊寺さんや前の奥さんのそばに行っては、一人で泣きつづけていたのではないかと考えたのだ。

それはファンタジックな妄想に過ぎただろうか。

しかし、熊寺さんは私の見立てに納得し、死産した我が子に胸を痛めつつ、

「先生、だとしたら、茜はどうなるんでしょう。このままずっと、この状態がつづくんですか」

心配そうに表情を強ばらせ、茜ちゃんのことも案じた。

「少しだけ様子を見てみましょう。どうにもリスクが高そうだとなったら、お祓いの専門のかたを紹介します」

私は熊寺さんにそう約束した。

だが、茜ちゃんがいつも見ていた謎の子は、それからほどなくして現れなくなった。

「切っちゃった。うるさいんだもん」

茜ちゃんはそう言って、ハサミをかざしたという。

全柱異常干支の子のやることは、凡人の私にはよく分からない。

戦場の花嫁

私の実家は、N県M市ののどかな郊外にある。

そんな私が、久しぶりに帰省したときのこと。ある知人の紹介で、一人の男性と話をすることになった。

訪ねてきたのは、石川さんという二十九歳の男性だ。

「実は……妻が毎晩幽霊に悩まされて、精神に異常をきたしてしまったんです」

げっそりとやつれたような顔つきで、石川さんは私に相談を持ちかけた。

「ちょっと待ってください。私は霊能者じゃありませんよ」

奇異に感じた私は、あわてて石川さんに言った。

しかし石川さんは「分かっています」と言って、ことの次第を説明した。

石川さんが奥さんをめとったのは、一年前のこと。名を、佐和さんという。二十四歳の女性である。

石川さんの生家はこの地方では有名な旧家で、彼はその跡取り息子だった。

現在の当主である石川さんの父親は、養子。家の実権を握っているのは、母親の定子さんという五十四歳の女性である。

この定子さんが、自分の母親の血を引いていて、とても迷信深い。お抱えの占い師までいるという話だ。

息子である石川さんが「結婚したい人がいる」と言って佐和さんを連れてくることになると、心配した定子さんは気心の知れた件《くだん》の占い師に、さっそく息子たちの鑑定を依頼した。

祖母の代からのつきあいだという占い師は、算命学の使い手らしかった。

そして占い師の鑑定結果は、凶と出た。

――この結婚は、石川家に禍根を残す。絶対にやめるべし。

信頼する占い師にそう言われ、定子さんは半狂乱になったという。

「だけど二十一世紀のこのご時世に、そんなことを言われて『はい、分かりました。ではやめます』なんて言えるわけがないじゃないですか。正直、ばかばかしいって思いました」

石川さんはそう言って顔をしかめた。

彼の気持ちは、よく分かる。

迷信深い母親とは、かなり激しい喧嘩になった。

石川さんは自分の主張を曲げることなく、結局生家を飛びだして、佐和さんと二人きりで所帯を持つ道を選んだ。

苦しんだのは、佐和さんだ。

石川さんの実家に歓迎されない形で結婚をすることは、相当な覚悟を必要とした。

だが石川さんが彼女を想う気持ちと同様、佐和さんもまたあふれだす恋心はいかんともしがたかった。

最終的には、石川さんの強い想いに応える形で、彼のもとに嫁いできた。

だが、怪異はすぐに発生した。

結婚をし、一週間ほど経った深夜のこと。佐和さんは夢にうなされ、布団から飛び起きた。すると――。

「枕元に、知らないお婆さんが座っていたと言うんです」

声をふるわせて、石川さんは言った。

もちろん老婆は、この世のものではない。闇に白く浮かびあがるようにして座っていた老婆は、憎悪を剥きだしにして佐和さんを睨みつづけたという。

佐和さんは悲鳴を上げ、石川さんを起こした。だが石川さんが目をさますと、老婆の姿はもうどこにもない。

もっとも、霊感の強い佐和さんがそう言うだけで、霊感とは無縁の石川さんは妻の話を信じるよりほかないというのが本当のところだったが。

老婆は、それから毎晩のように佐和さんの枕元に現れた。佐和さんは食事も喉を通らなくなり、見る見るげっそりとやつれてしまったという。

石川さんはついに新居のマンションを引きはらい、M市から近在のY村に移った。

だが、新しく暮らすようになったそのアパートにも、やはり老婆は現れた。

深夜になると佐和さんの枕元に座っては、皺だらけの歪んだ顔に憎悪を剥きだしにして彼女を責めた。

佐和さんにはもう、それは「呪詛の言葉」にしか聞こえなくなっていた。

結局、佐和さんは心を病んで入院をした。

だがそれでも、老婆はやはり現れた。

「やっぱり、俺たちが結婚したことがよくなかったんでしょうか」

思いつめた表情で、石川さんは私に聞いた。

「……つまり、私がお母さまの信頼される占い師と同じ占術を扱う人間だから、お母さまが占い師からいったいなにを言われたのか、正確なところが知りたくて訪ねてこられたということですね」

話を聞き終えた私は、そうたしかめた。

石川さんは、力なくうなずいた。

「今さら母には聞けませんから。佐和と二人で前に進むために、きちんとしたことが知りたいんです」

なるほど、話は分かった。

理解した私は、石川さんと佐和さんの誕生日を聞いた。

佐和さんの日干支は「壬午《じんすいのうま》」――異常干支だった。

「壬午」を持つ女性は「戦場の花嫁」と言われる。

嫁いだ先の親族との間にトラブルが起こりやすく、なにかとつらい思いをしやすい星回りである。

やっぱりなと、私は思った。

だが私がそれ以上に眉をひそめたのは、石川さんと佐和さんの命式を見比べてあることに気づいたからだ。

「もしよければ、石川さんのお父さまとお母さま、そしてお祖父さまとお祖母さまの誕生日を教えてくれませんか」

私がそう言うと、石川さんは四人の生年月日を教えてくれた。

祖父母の誕生日はよく覚えていなかったらしく、たった一人味方になってくれているという妹さんに電話をし、彼女から聞いて私に伝えた。

四人の誕生日を調べた私は、重苦しい気分になった。

あまりこういうことを伝えるのは気分のいいものではない。だが、占い師として嘘はつけなかった。

「お母さまが信頼していらっしゃる占い師さんの言うことは、あながち嘘八百とは言えません。少なくとも、算命学的にはそうなります」

断腸の思いで私は告げた。

ここで詳細を語ることはひかえるが、祖父母、父母、本人たちの命式に「あること」が重なると、その家は本人たちを最後に家系が断絶すると言われている。

残念ながら、石川さんたち三代の家系を見ると見事にそれに該当した。

「そう言えば……」

私の説明を聞いた石川さんは、そういうことかと得心した顔つきになり、記憶をたどって言った。

「うちの母親も、やっぱり迷信深かったばあさんに、ものすごく結婚を反対されたと言っていました」

それでも最終的に、石川さんの祖母が娘の希望をかなえたのは、曾祖父の代ではまだ「あること」が発生していなかったからであろう。

つまり祖母は「孫の代で挽回できれば……」という一縷の望みをたくして、渋々娘の結婚を認めたのである。

石川さんの母親の定子さんは、そのとき自分の母から、その「あること」について子細を聞いたのに違いない。

そのため、息子の選んだ女性が石川家三代にわたる不吉なリレーを完遂させる不幸なものを、命式中に持っていることに気がついた。

そこで半狂乱になってまで、結婚を阻止しようとしたのだろう。

「もしかして、奥さんの枕元に現れるというそのおばあさん……石川さんのおばあさんじゃないですか」

私は、確信を抱いて石川さんに言った。

石川家の行く末を案じた祖母は死んでも死にきれず、家系に凶をもたらす戦場の花嫁が嫁いできたことによって、ついに彼女の前に現れることになったのではないか。

「もしもそうだとしたら……これからもずっと現れるってことですか、その……俺のばあさんは」

「可能性はありますね」

私が言うと、石川さんは黙りこんだ。

やがて天を仰ぎ、

「とにかく佐和が不憫で……」

涙声になって、愛する妻をおもんぱかった。

私はそんな石川さんになにも言えず、ただうなずくしかなかったのである。

石川さんと話をしてから、もうずいぶんになる。

彼が離婚を決意したという話は、今のところ聞いていない。

義父

数年前、ある事件が新聞の社会面に掲載された。

介護疲れで息子の嫁が義父を殺害したという、写真もないベタ記事である。

「あの事件……実は裏があるのよ」

そう話してくれたのは、占い師仲間の酒井さんという六十代なかばの女性だ。

酒井さんは、義父を殺害してしまった嫁――真紀さんという名の五十六歳の女性と親しくつきあっていた女性を知っていた。

名を、加藤さんという。


「おじいちゃん、このごろとっても気味が悪いの……」

真紀さんは加藤さんに、血の気のない顔で訴えたという。

加藤さんは、真紀さんのアリバイ作りに協力していた。浮気のアリバイである。

真紀さんの義父は数年前から認知症をわずらい、年々症状が悪化していた。だが、真紀さんがよそに男を作っていると憤怒の表情で言いはるのだという。

義父の言うことは、当たっていた。

真紀さんは夫にも、同居する義父母にも内緒にして、ずっと愛人と誰にも内緒の関係をつづけていた。

高校時代の同級生である愛人との関係がはじまったのは、義父が認知症をわずらってからだ。

病弱な義母の代わりに、真紀さんは介護に奔走する生活を送るようになった。

そして、やり場のないストレスを発散するかのように、久しぶりの同窓会で再会した旧友との逢瀬を楽しむようになったという。

二週間に一度の逢い引きの際は、気心の知れた加藤さんの助けを借りてアリバイを作った。

なにがあってもばれないよう細心の注意を払った。

しかも、真紀さんの義父は認知症をわずらっているのだから、息子の嫁が浮気をしていることになど気がつくはずもないのである。

それなのに――。

「私の浮気の現場を見てきたようなことまで言うの。しかも……当たっているのよ」

加藤さんに訴える真紀さんの瞳は、恐怖に見開かれていた。

逢い引きをしている男がどんな風体なのか、どんなホテルで逢ったのか、義父は見事に言い当てた。

だが認知症をわずらっているため、その表情や物腰は正常とはほど遠い。家族は誰も、義父の話など真に受けはしなかった。

義母などは「真紀さん、ほんとにごめんね」と夫をしかり、真紀さんをかばうようなことまで口にした。

しかし真紀さんは生きた心地がしなかった。あまりにも、義父の言うことが百発百中だったからだ。

愛人との逢瀬には、さらに気を使うようになった。

男と女の営みも、部屋を真っ暗にして容易には見えない形でおこなうことにこだわるようになったという。

だが、それでも義父は言い当てた。

露骨な言葉で浮気の現場——行為中の詳細なことまで口にする夫を持てあまし、真紀さんの義母はノイローゼになった。

基本的に義父の介護は真紀さんに任せっぱなしの夫が、

「まったく、あのエロジジイは……」

と、相手にしようとしなかったのが、せめてもの救いだった。

しかし——。


夫が会社に出かけ、義父母と三人でいた昼下がり。

とうとう決定的なことが起きた。

義父と二人きりの部屋。愛用していた文机の引きだしを、義父はなにかを探してガサゴソとやった。

なにかに憑かれたようだった。

「フウ。フウ。フウ」

まなじりをつりあげ、息を荒らげ、突然引きだしから紙のたばを取りだす。いつものようにブツブツと息子の嫁の不貞をなじりながら、義父は彼女にそれを渡した。

真紀さんは薄気味悪く思いながら中を見た。

「ギャアアアアア」

悲鳴が上がった。

渡されたのは、何枚もの写真だった。

写されていたのは、真紀さんと愛人の男の言い逃れしようのないホテルの闇の中での姿。幽体離脱した魂に撮られでもしたかのように、どれもこれも真上から、あられもない状態で写されている。

二人の枕元には義父が立っていた。白くぼうっと浮かびあがり、二人を見つめるようにうなだれている。

その夜、ついに彼女は凶行におよんだ。

これが、不幸な事件の真相なのだと酒井さんは私に語った。

それからほどなく、愛人の男も電車に飛びこんだ。


認知症をわずらっていた義父は、年干支と月干支に異常干支を持っていたという。

「なんだか気味が悪いわよね」

酒井さんは、不気味そうに声をひそめた。

ちなみに、真紀さんが殺傷沙汰におよぶきっかけとなった写真を見た者は、真紀さんの他には誰もいない。

車騎星を生きた女

その女性は矢幡さんといった。

七十歳前後と思われる、品のいいご婦人である。

彼女とは友人の紹介で知り合った。

占い師としてではなく、怪談蒐集家の一人としてだ。

占い師の仕事をするようになってから、私はお客さんといろいろな話をするようになった。

そうした中には霊感が強かったり、怪異な体験をしたりしているような人も少なくなく、私はいつしか知り合ったお客さんから、さまざまな怪異譚＝怪談を聞くようになった。

そうなると、こちらもますます興が乗ってくる。

私はいつしか鑑定活動のかたわら、怪談を蒐集して歩くようにもなった。そんな流れの中で出会うことになった忘れられない一人が、矢幡さんである。

みたら？

――結構霊感の強い人で、いろいろと面白い体験もしているみたいだから、話を聞いてみたら？

友人はそう言って、矢幡さんと私を引きあわせてくれた。

なにか興味深い怪異を経験していたらぜひ聞かせてほしいと頼んだ私に、矢幡さんは昔を懐かしむかのように目を細め、そして――。

「この日生まれの女性って、どんな性格になりやすいですか」

と、私に水を向けてきた。

私は不審に思いながらも、矢幡さんから女性の生年月日を聞いた。

万年暦を開き、すぐに調べてみる。

女性の誕生日は、一九二二年のある日だった。生きていたら百歳近くになる年齢だが、八十二歳で鬼籍に入っている。矢幡さんの母親であった。

算命学には、生年月日を年干支、月干支、日干支に変換して宿命や運勢を占う「陰占」と、それらの干支からさらに星を出し、性格判断などをおこなう「陽占」の大きく二つがある。

性格を見るとなると、やはり陽占の人体図だ。

だが、矢幡さんの母親のために出した人体図を見て、私は息を飲んだ。

	車騎星	天馳星
車騎星	車騎星	車騎星
天馳星	車騎星	天堂星

真ん中を中心に、縦横十字にクロスする部分に現れる星を十大主星という。

十大主星はその人の性格や適した仕事、恋の相手を占うときなどに重視する。呼び名の通り主星は全部で十個あり、それぞれバラエティに富んでいる。

たとえば貫索星なら守備本能の星なので、この星が真ん中にある人は、基本的に防衛本能がとても強い。がんこでマイペース。一人で黙々と、なにかをやることに向いている。『二人、いる』のエピソードにご登場いただいた町場さんがこのタイプである。

あるいは、龍高星なら習得本能の星。

アイデアが豊富で創造性に満ち、外国での暮らしにも向いている。『茜ちゃん』でご紹介した全柱異常干支の女の子、茜ちゃんの主星がこの星だった。

一方、人体図の角の「天●星」で表される部分には、十二大従星と呼ばれる星々が入る。こちらでは、一生涯にわたるその人のエネルギーの変遷や、その時々（若いころ、中年期、晩年期）を支配する性格的な傾向などが分析できる。人は誰もがみな、自分が生まれながらに持つ十大主星と十二大従星にみちびかれて、それぞれの人生を歩んでいくのである。


話をもとに戻そう。

矢幡さんの母親は、加寿子さんという名だった。

加寿子さんの人体図は、ご覧の通り十大主星のすべてが車騎星という異様さだ。

こうした人体図はとても珍しい。同じ星が五箇所すべてにそろうなどということは、めったにあるものではない。たいていは、いろいろな星が混ざりあっている。

そういう意味では、とてもレアな人体図だった。

私はかなりエキサイトした。

車騎星は攻撃本能の星である。軍人の星とも言われている。

もっとも大きな特徴は、負けず嫌いで気が強いということ。怒らせると怖い。そして、とても男性的な気質になりやすい。

「やっぱり。不思議ですね、母そのもの」

私の説明を聞いた矢幡さんは、そう言って笑った。

「高校の教師をしていたんです、私の母。とっても厳格な怖い先生で、家庭でもそれは同じでした。教師はこうあるべし、みたいな一本筋の通ったものを死ぬまで自分に課しつづけたような人でね。やさしく笑ってる顔って記憶にないんですよ。私を怒ると必ず『いいわね。二度は言わないわよ』と、それはもう恐ろしい顔をして睨みつけてきたり……」

矢幡さんの両親は、どちらもお堅い仕事だった。

父親は税理士。事務所を経営し、真面目に仕事に取り組んだが、明るく穏やかな人柄で、とても人なつっこい男性だったという。

一方の加寿子さんは、まさに教育者を絵に描いたような人物だった。

若いころは、娘の矢幡さん同様かなりの美人だったそうだが、触ればビリッと感電しそうな、どこかヒリヒリとする雰囲気をただよわせていた。

しつけにも厳しく、プライドも高かった。

「不思議な出来事があったのは、父が亡くなったときでした。父は母より十二年前に亡くなっていますから、一九九二年のことだったかしらね」

矢幡さんの父親は、長いこと肝臓癌をわずらった。

闘病末期には肝性脳症を併発し、認知症のような症状まで発症させた。

闘病生活は壮絶をきわめたという。一人きりで夫を看病しつづけた矢幡さんの母親の負担は相当なものだった。

「そんな父がいよいよ危篤だっていう連絡を受けて、私たち、あわてて帰省したの。一週間ぐらい前に見舞いに行ったばかりだったんですけどね」

矢幡さんは旦那さんの運転する車で、父親が入院していた生まれ故郷の病院に駆けつけた。当時高校生だった娘さんも一緒だったという。

到着したのは、深夜の三時。

だが残念ながら、父親はすでに息を引き取っていた。

「病院の地下にある霊安室に、もう移されてしまっていました。親戚の姉が、母を手伝っていろいろと動いてくれたんだけど、意外に母もシャンとしていて、涙一つ見せなかった。人体図を知ると、だからだったのねって感じもしますけど」

矢幡さんは母親や自分の家族と一緒に、父との対面を果たそうとした。

看護師に案内され、満足な明かりもない深夜の巨大病院を移動する。エレベーターで地下まで下り、霊安室へと足を運んだ。

そこは、がらんとした不気味な部屋だった。細長いストレッチャーがぽつりと置かれているぐらいで、あとはほとんどなにもない。

父親は、ストレッチャーに仰臥していた。白い布で全身を覆われ、顔には打ち覆いをかけられている。

「ところが……」

矢幡さんは顔をしかめた。

彼女はその目ではっきりと見たのだという。老父を覆う白い布に、抱きつくように寄りそっているグロテスクな物体を。

「女、でしたね。この世に男と女がいるとしたら、まちがいなく、女。と言うか……かつては女だったはずのもの」

その「女」のあまりの不気味さに、矢幡さんは声を失った。

「土左衛門って言うのかしら。水死体。ブクブクにふくれて、身体中傷だらけで、裸の皮膚のそこら中に穴が空いていて。目玉もなくて、ぽっかりと黒い穴が空いていました。口もだらしなく開けられたままで、どう見ても土左衛門。そんな水死体が布の上から父に抱きついているんです。もう私、腰を抜かしそうになってしまって」

矢幡さんは小さなころから、不思議な存在を目にすることが多かった。

それらは多分、霊だったはずだと確信もしている。

だが、矢幡さんは自分に見えているものを加寿子さんに訴えることはしなかった。子供のころ「そんなもの、この世にいない」ときつくしかられ、手を挙げられたことさえあったからだ。

「私に見えているものは、ふつうの人には見えないものなんだって分かって。だったら言ってもしかたがないと。怖いところに持ってきて、口やかましく説教されるのはうんざりだったから」

案の定、その醜悪な物体が見えているのは自分だけらしいと、すぐに矢幡さんは察した。夫は沈痛な表情でうなだれ、加寿子さんが夫の打ち覆いをそっと剥がすと、矢幡さんのひとり娘は、遺体に抱きついて号泣した。

すぐそこに不気味な土左衛門の女がいるというのにである。

「離れなさいと言うわけにもいかず、困りました。しかもその土左衛門の霊、まるで生きてでもいるかのように、娘を威嚇して吠えるようなことまでするんです」

父親を失った悲しみより、謎の幽霊へのとまどいで、矢幡さんは浮き足立った。

ずっと加寿子さんをサポートして動いてくれた親戚の姉に「どうしたの」と聞かれたが、あいまいに笑ってごまかすしかなかったという。

父の遺体は、葬儀の日取りの関係もあり、すぐに斎場へと移された。

だがその亡骸には、変わることなく女の土左衛門が絡みつくように居座りつづけた。

「誰なんだろうこの女の人って、やっぱり思うじゃないですか。母を手伝ってお通夜と本葬の準備に追われながら、そのことばかり考えるようになりました。せめて誰なのか分からないと、気持ちが悪くてしかたがなかったってこともあるんですけど」

そんな矢幡さんの脳裏に、あるとき不意に一人の女性が蘇った。

いざその人を思いだしてみると、どうして今まで気がつかなかったんだろうと不思議にすら感じた。

その女性は遠い昔、矢幡さんの父と入水自殺を図った。そして、死にきれなかった愛人を残し、一人寂しくこの世を去った。

「私が小学校二年生ぐらいでしたから、父が三十八歳。その女の人が、たしか二十七、八ぐらいのときってことになるかしらね」

二人がどういう経緯で深い仲になったのかは、矢幡さんにはもちろん分からない。

だが、そのころ仕事がとても順調だった父のはぶりがよかったこと、ことあるごとに加寿子さんと喧嘩をしていたことは、なぜだかよく覚えている。

女性は、父親の経理事務所で働いていた。

加寿子さんとはタイプの違う、男好きのする人だったという。

事務所の部下と抜きさしならない関係になった父親は、彼女を愛人として囲った。家庭をないがしろにして妾宅に入り浸るようになった夫を加寿子さんはなじり、派手ないさかいをくり広げたが、がんとして離婚には応じなかった。

そんな中、父とその女性の心中事件が勃発した。

一人この世に帰還した矢幡さんの父親は、家にこそ帰ってきたものの、加寿子さんとの関係は死ぬまで仮面夫婦になった。

「つまり……愛人だったその人が迎えに来たってことになるのかしらね、私の父を」

矢幡さんはそう言って顔をしかめ、複雑な心中を覗かせた。

「まちがいない、多分その人だって、私は確信したの。いつも寂しげにぼんやりと、家の縁側から庭を見ていた父の横顔も思いだしました」

——今度こそ、二人で一緒に。

醜い土左衛門の霊は、そう言って父の亡骸に抱きついているようにも見えた。

しかし、そのことに気づいているのは、多分矢幡さんただ一人。いいのかな、ほんとにこのままでと、彼女は母親を気づかった。

父が亡くなる二日ほど前からは、満足に寝ることもできなかったようである。疲労はピークに達しているはずだった。

だが、加寿子さんはそんなことは微塵も感じさせず、葬儀スタッフとの打ちあわせなどをてきぱきと進め、とうとう通夜のときを迎えた。

「父は棺に入りましたが、もちろんその女性も一緒のままでした。困ったなと思いながら棺の中を覗くと、その女性は目玉のない顔で私を睨み、噛みつくような勢いでなにごとか吠えたりしていました」

通夜と葬儀は地元のセレモニーセンターで執りおこなわれた。お経を上げに来てくれたのは、矢幡さんも幼いころから知っている菩提寺の僧侶である。

通夜のときは、なんとか我慢をした。

覚悟が決まっていなかったと言ってもよい。

だが翌日、いよいよ葬儀となった段で、矢幡さんは儀式をつかさどる老僧にひと言相談をしようとした。

「だって、やっぱりちょっと母が不憫でね。いろいろと面倒な人で、私との関係だって決して良好というわけではなかったけれど、それはそれ。自分の旦那が荼毘に付されようとしているのに、愛人の女性が一緒にくっついているだなんて、母のことを思うと黙っていられなかったんですね、娘としては」

矢幡さんは意を決した。僧侶に霊感があるかどうかは知らなかったが、このような場合の対処法ぐらいは分かっているのではないかと思った。

なにがしかの儀式めいたものをしてもらい、愛人の霊を父から離してほしかった。

やがて、僧侶が葬儀場に姿を現した。

準備のため、用意されたひかえ室に入っていく。

ぶしつけであることは百も承知だった。だが、やはりこのままではいられない。

「誰にも相談しませんでした。だって女の人が見えているのが私だけなら、他の人に相談したってしかたのないことですから」

会葬者などへの挨拶に追われていた矢幡さんは、さりげなく人の輪からはずれ、僧侶のもとに向かおうとした。

すべてを秘密裡に進め、なにごともなかったかのようにしたかった。

ところが――。

「突然、うしろから呼び止められたんです。私、悪いことをしていたところを見つかったときみたいに、思いきりギクッとしてしまって」

誰に声をかけられたのかは、すぐに分かった。あわてて振り向くと、母親の加寿子さんがいる。

「ものすごい顔をして、私を睨んでくるんです。あんな母を見たのは久しぶりだったわね。

子供のころ、よく私を怒鳴っていたときの母とおんなじ顔をしていました」

すくみあがる矢幡さんに、加寿子さんはつかつかと歩み寄ってきたという。

そして、右へ左へと視線をやり、あたりをはばかるような小声になると、

――よけいなこと、しないでもらえる?

改めて矢幡さんを睨み、怒気をはらんだ声で言った。

矢幡さんは思わず「え?」と聞きかえした。加寿子さんの言わんとしていることが、すぐには分からない。すると加寿子さんは、噛んで含めるようにこう言った。

――これは私とお父さんの問題なの。私とお父さんと……あの女の。

矢幡さんは絶句して、加寿子さんを見た。

加寿子さんはそんな矢幡さんを「いいわね。二度は言わないわよ」ときつい目で睨むと、ふたたび急ぎ足で戻っていった。

「すぐにはすべてが理解できませんでした。でもどう考えても、つまり母にもあの不気味な霊がずっと見えていたってことですよね。となると、母にも昔から私と同じような力があったってことになるじゃないですか。子供のころ、私が訴えると『そんなもの、この世にいない』と私のことを引っぱたいたことだってある人ですよ」

矢幡さんはそう言って、自分の母親にあきれたように苦笑した。

結局、矢幡さんは母親の意を汲み、僧侶に相談することはやめにした。僧侶はやはり霊感がないのか、それとも分かっていながら悪戯にことを荒立てる必要はないと判断し、前夜同様にやり過ごすことにしたのか。

結局、霊の存在にはひと言もないまま葬儀の読経を終え、矢幡さんたち家族は火葬場へと移動した。

「棺の中の父を見ると、もう半分ぐらい、女の霊が父の身体の中に埋まってきていました。まるで母に見せつけてでもいるかのように。私には『悔しかったら、あなたもくれば』って、その人が母を挑発しているようにも見えました。まるで笑っているようにも見えたかな」

そんな霊と父の姿は、しっかりと加寿子さんにも見えていたはずである。

しかし加寿子さんは、一貫して顔色一つ変えることもせず、終始淡々と、矢幡さんの知るいつもの母親のまま喪主の務めを果たしつづけた。

「気持ちの悪いその霊を私が見たのは、後にも先にもそのときだけでした。でもひょっとしたら、母はもっと以前からその人の存在を知っていた可能性もあるわよね」

矢幡さんは、なんとも複雑そうな顔つきになった。

霊感がありながら、ずっとそれを隠しつづけた加寿子さん。

他の女と心中までしようとした夫との離婚をがんとして拒み、結局死に水まで取って、本妻のプライドをまっとうした加寿子さん。

そして、自分を挑発する夫の愛人の存在を、彼女が死んでもいっさい認めず、夫を見送る最後まで完全に無視しつづけた加寿子さん。

「これって、車騎星を生ききった人……だったんですかね」

矢幡さんはそう言って、困ったように微笑んだ。


加寿子さんは、天寿をまっとうするまでただの一度も、葬儀の日に起きた娘との一件に触れることはなかったという。

五つの十大主星が全部、車騎星。

次にそうした人がこの世に誕生するのは、（ある流派の計算によれば）二〇八二年一月十七日である。

二人の男

T県に暮らす月野さんは、四十一歳。

二児のママでもある彼女とは、友人の紹介が縁で交流するようになった。

日干支は「己亥」。

異常干支。

生まれつき、なんらかの能力に恵まれていてもおかしくはない宿命だが、聞いてみると案の定、実母、祖母、叔母など、母方の女性たちはみな霊的な力の持ち主だったという。

月野さんも、そうした不思議な家系につらなる一人だった。

自分の内にある怪異な力に気づいたのは、小学生のとき。

何人かの友達とキャーキャーと遊んでいたが、友人が口にする人数と、自分に見えている人の数が一人分あわない。

「あっ。あの子、私にしか見えていないんだって気づいて。それが、自分が人とは違う世界にいるのかも知れないって分かったきっかけでしたね」

月野さんは笑いながら私に言った。

それ以来今日まで、月野さんの人生は不思議な出来事との遭遇の連続だ。

鏡を見ていると、なにやらいやな空気が突然ただよい、鏡に写った自分の顔がまったく知らない人のそれになったこともある。

写真を撮ったらなぜだか手首から先が写っておらず、その後すぐ、指を怪我して手術におよんだこともあった。

月野さんの目の色は、金色っぽい茶色をしている。ところが恐怖体験がつづくと、その目は緑色に変わるという。

そんな彼女の忘れられない体験の一つは、十七歳のときに起きた。


女子高生だった月野さんは、友人と他愛のない会話にふけりながら街を歩いていた。

学校帰り。

セーラー服姿だったという。

すると、前方から二人の男性が歩いてきた。

年のころは、どちらも大学生ぐらい。

しかし男性たちは、キャーキャーとにぎやかな月野さんたちとは対照的に、ブスッと押し黙り、うつむき加減のまま歩いている。

喧嘩でもしているのかと、月野さんはいぶかった。

しかも、よくよく見れば一人の若者は、土気色の顔をしていてとても具合が悪そうだ。見るからに生気がない。

それなのに、なにがおかしいのかその青年は、口もとをほころばせて笑っていた。

無表情に歩くもう一人との落差が激しかった。

「気味が悪いなぁと思いました。だから、ついジロジロと二人を見てしまって。いけないいけないと思ったんですね。だから、無理矢理視線をはずして、何気なくすれ違おうとしたのです」

そうしたら――。

『よく分かったね』

二人とすれ違いざま、頭の中に低い声が聞こえた。

――え？

月野さんは思わず立ち止まった。

今の声はなんなんだと思いながら振り向くと、そこには無表情で歩いていた若者のうしろ姿しかなかったという。

「多分、生気のない男性は、その若者に取り憑いていたんでしょうね。あの若い人、あの後無事に生きられたのかなぁって、実は今でも気になっています」

複雑そうな顔つきで、月野さんは言った。

怖いと感じ、鳥肌が立つような空気感のときは決してよい霊ではないと、月野さんは教えてくれた。

「隙あらばこっちの身体を乗っとろうとしたり、引きずりこもうとしたり、悪さをします。他人事じゃないですよ。誰にでも起こることです」

月野さんは、小声でそう断言した。

予兆

引きつづき、月野さんから聞いた話。

小学生のとき、一族の女性に伝わる不思議な能力を発現させた月野さん。

高校生になったころからは、恐怖体験が頻発すると、その後必ず大きな災害が起こるようになったという。

「そんな中でも、いまだに忘れられない一日があります。あれからもう四半世紀も経っているのに、思いだしただけで鳥肌が立ちます」

月野さんはそう言って、その怪異を話してくれた。

当時、月野さんは十七歳。

ある日の放課後、帰宅するために、いつものように電車に乗っていた。

車内はほぼ満員。

月野さんは、出入口ドアの近くにいた。吊革につかまり、学校で友人たちと交わした愉快な話などを脳裏に蘇らせて口もとを緩ませていた。

——バンッ！

すると。

走行中の電車の出入口で、突然大きな音がする。ギョッとした月野さんは、音のしたほうを見た。

若い女が、電車のガラス窓に張りついていた。

くわっと見開かれた、吊り目がちの瞳は紫色。その口は耳まで裂けていた。

「もう私、びっくりしてしまって。でもまわりの反応をたしかめたら、誰もその女の人に気づいていないんです」

やはり自分だけに見える存在なのかと、月野さんは暗澹《あんたん》とした。

口の裂けたその女は、風圧のせいで長い黒髪を乱しつつ、じっと月野さんを見つめてなにごとか叫んでいる。

……ギイイ。ギイイィ。

月野さんには、女の耳障りな声までたしかに届いた。

彼女は身体の向きを変え、「なんでもない、なんでもない」と呪文のように心でくりかえし、なんとか最寄り駅までやり過ごした。

だが、怪異はそれだけでは終わらなかった。

やれやれと思いながら電車を降り、いつものように自宅マンションへ自転車を走らせる。

電車のガラスに張りついていた女を思いだすと気持ち悪さがこみあげ、今にも吐いてしまいそうだった。

しかしなんとか自宅まで辿り着く。

ふと見ると、マンション前の駐車場に、帽子をかぶった小さな男の子が一人ぽつんとしゃがみこんでいた。

「あまり見ない男の子だけど、マンションの子かな。どの部屋の子だろうなんて思いながら、脇をとおりすぎようとしたんです。でも……ずっとうつむいてしゃがみこんでいるものですから、ちょっと心配になって声をかけたんですね。『僕、どうしたの』って」

すると、男の子はおもむろに顔を上げ、月野さんを見た。

のっぺらぼうだった。

月野さんは「ぎゃっ」と悲鳴を上げ、マンションに駆けこんだ。

今日はいったいなんていう日なんだろう。

そう思い、これ以上薄気味悪いことはごめんだと泣きたくなりながら、落ちつかない時間を過ごしたという。

「不安な気持ちでいっぱいでしたが、結局その日は、それ以上なにも起こりませんでした。私はホッとして、夜更けに床についたんです」

緊張がとけた月野さんは、呆気なく睡魔に襲われ、深い眠りについた。

だが、どれぐらい眠ってからだろう。

不意に、息苦しさを感じてうろたえた。

ずいぶん長いこと、一人でうなっていたのかも知れなかった。

苦しい。

とても。

このままでは死んでしまう——恐怖に襲われた月野さんは、ハッと目を見開いた。

見知らぬ老婆の、不気味な顔があった。

目と鼻の先である。

老婆は月野さんにまたがり、グイグイと彼女の首を絞めていた。

月野さんの頭のまわりにはおびただしい数の死霊が集まり、みんなで呪文めいたなにごとかを唱えていたという。

「それが、忘れもしない一九九五年。一月なかばのことでした」
月野さんはそう言った。
そしてそれから数時間後。
日本は信じられない災害に襲われる。
阪神・淡路大震災。
死者六四三四人を出した未曾有の大地震は、一月十七日午前五時四十六分に発生した。
月野さんの目は、深い緑色に変わったという。

痣

もう一つだけ、月野さんから聞いた話。

彼女の祖母は、昨年十月に亡くなった。

数え年で百四歳。

大往生でしたと月野さんは言う。

すでに書いた通り、この祖母も不思議な女たちの系譜につらなる特異な能力の持ち主だった。

月野さんは、お祖母さんのことをことのほか愛していた。

だが彼女は現在T県に、お祖母さんはG県に暮らしていた。

月野さんには仕事もあった。距離の遠さや日々の忙しさもあり、簡単には会いにいけなかった。

「そんな祖母が危険な状態になって、緊急入院をしたという連絡があったんです。早く会いに行かなければと、私はあせりました」

だが、仕事を持つ身の月野さんは、すぐにはT県を離れられない。早くても、出立は翌日の夕方になるはずだった。

「それまでどうか持ってくれと祈る気持ちで床につきました。ところが次の日めざめてみると、不思議なことが起きていたんです」

月野さんはそう言って、左手の甲を見つめた。

今は消えてしまったが、祖母が危険な状態にあるという連絡を受けた翌日、目がさめると左手の甲に不気味な痣ができていた。

痛々しい、青い痣。

しかしその痣は、まったく痛くもかゆくもない。

それでも、手の甲の半分ほどを覆う結構な大きさで、生々しい痣がくっきりと広がっている。

「祖母になにかあったんだと直感的に思いました。私は気が気ではなくなりながらも、うしろ髪引かれる思いで出勤したんです」

すると、その日の午後。

またも親戚から電話があった。祖母の急変を知らせる無情な連絡。すでに意識はほとんどないという。

「結局それからすぐ、祖母は息を引き取りました。間にあいませんでした。なんとか仕事を終わらせると、私は電車に飛び乗って祖母のもとに向かいました」

そして、それから数時間後。

月野さんは息を引き取ったいとしい祖母と対面を果たした。祖母はとても安らかな、眠っているような顔だったという。

月野さんは祖母の亡骸に抱きつき、たまらず号泣した。

間にあわなくてごめんね。遅くなってごめんね。ごめんね。ごめんね。

そう言いながら、冷たくなった祖母の手を握りしめようとした。

そうしたら――。

「取り乱しながら祖母の左手を見ると、手の甲に青い痣が広がっていました。私の手の甲にできたのと、まったく同じような痣です」

お祖母さんの左手の甲の痣は、点滴によるものだった。

月野家の女性たちの不思議さにはとっくに慣れっこになっている親戚も、月野さんの手の甲にくっきりと残る、お祖母さんとまったく同じ青い痣を見ると、誰もが言葉をなくした。

「変な言いかたですけど、最後の最後に、きちんと私に会いに来てくれたんだろうなって思いました。子供のころから、誰よりも私を可愛がってくれた人でしたから」

月野さんはそう言い、そっと目もとをぬぐって笑った。

彼女の手の甲に浮かびでた痣は、祖母が荼毘に付されると、いつしか消えてなくなったという。

彼岸花

彼岸花。

別名、曼珠沙華。

死人花、地獄花、幽霊花などとも呼ばれる。

毒花という呼称もある。

秋の彼岸の間にだけ花を咲かせることから、この名がつけられた。

赤や白、ピンクなどの色があるが、花の形はなんとも官能的で、見ようによっては、ちょっと不気味でもある。


「占いで、その人の寿命って分かるんですか」

メールを通じて問いあわせをしてきたのは、望月美和さんという女性だった。

「分かりますよ」

私はそう返事をした。

算命学には「寿命計算」という奥義がある。私も何度か、義母やら夫やらの寿命を教えてほしいと依頼されたことがある。

私は時間をかけ、師から教わった通りのやりかたで、美和さんの寿命を計算した。

本人から聞いた生年月日によれば、まだ二十三歳になったばかり。寿命を気にするような年齢ではないのが、奇妙といえば奇妙だった。

本人の希望もあり、結果は直接会って伝えることになった。

もしかしたら、いろいろと話を聞いてもらうことになるかも知れないからと、美和さんは言った。

住んでいる地を聞くと、わざわざ隣県から来るつもりのようだ。私は恐縮しながらも、自宅近くのターミナル駅で彼女と待ちあわせをすることにした。

そして、数日後。

美和さんはやってきた。

ひと目見て、息を飲んだ。抜けるように白い肌と楚々《そそ》とした美貌に恵まれた、魅力的な美人である。

そんな美女が、恋の悩みでもストーカーにつきまとわれて困っているという相談でもなく、自分の寿命が知りたいとは……。

ますます奇異に感じながらも、私は美和さんと駅ビルのカフェに入った。

結論から言うなら、美和さんは短命でもなんでもなかった。

少なくとも算命学の「寿命計算」によれば、八十過ぎまで天命をまっとうできる健康的な宿命だ。

「そうですか。でも、こんなことを言ったら失礼かも知れないんですけど……」

鑑定結果を聞いた美和さんは、上目づかいに私を見て弱々しく微笑む。

「なんだか私どうしても、そんなに長くは生きられない気がして」

どうしてそう思うんですかと、私は聞いた。

すると美和さんはドキッとするようなことを言った。

「母の祟りです」


美和さんと母親の杉子さんは、とても仲のいい母娘だったという。

美和さんが小さかった時分に夫と離縁し、女手一つで美和さんを育ててきた濃密な環境も、二人の仲のよさを特別なものにしていた。

ところが、杉子さんは縁あって再婚をすることになった。

美和さんが十五歳のとき。

お相手の男性――望月さんはとてもやさしい中年の紳士で、一粒種の孝一さんという、美和さんより二つ年上の男の子を連れていた。

「とても仲のいい家族になりました。知らない人は、私と義父を血のつながった親子だと本気で勘違いしましたし、母もお兄ちゃん……孝一のことを、我が子のように可愛がって。私たちは、幸せな毎日を送ることができました」

往時を思いだし、美和さんは微笑んだ。

ところが、やがてそんな生活に、思わぬ暗い影がさす。

「なんて言ったらいいんでしょう……まあ、いろいろとあったんです。全部、私のせいだったのかも知れないんですけど」

美和さんは言葉を濁した。

ご想像にお任せします。そう言うばかりである。

だから、正確なところは正直私にもよく分からない。したがって、あくまでもこれは、美和さんから面と向かって話を聞いた人間の個人的な憶測だ。

そのことを前提にして言うと――もしかしたら、美和さんと孝一さん、そして美和さんと義父の望月さんの間には、人には言えないほの暗いなにかが、一緒に暮らしていく内に発生した可能性があった。

私のいくつかの質問への美和さんの言葉の濁しかた、困ったように目を泳がせた反応のしかたなどから、私はそう思った。

浮世離れした、という言いかたさえできそうな、美和さんの魔性めいた美しさも、私にそう思わせたのかも知れない。

とにかく、望月家にはなにかが起きた。

その結果、今から五年前、突然母親の杉子さんが命を絶った。

「暑い夏の日のことでした。私が学校から帰ってきたら……」

杉子さんは、美和さんの勉強部屋で首をくくって死んでいた。

「それがはじまりだったんです。その後、私たちの家に起きることになる、いくつもの気味の悪い出来事の」

美和さんはそう言って、硬い顔つきで私を見た。

怪異の予兆は、翌年の九月に現れた。

真っ赤な彼岸花が一輪だけ、望月家の玄関先に花を咲かせたのである。

その彼岸花は、美和さんたち四人が新しい家で一緒に暮らしはじめることになったとき、杉子さんと美和さんが嬉々として種を蒔いたものだった。

杉子さんと美和さんは彼岸花だけでなく、さまざまな花の種を玄関前に蒔いた。

それらの種は次々に美しい花となって咲き、家族みんなを楽しませてくれた。

「でも、彼岸花だけは一輪たりとも咲こうとしなかったんです。どうしてだろうね、なんて母とは話したりもしたんですけど、その内、あまりにも咲かないものですから、私も母も、植えたことさえ忘れてしまいました」

そんな彼岸花が、なぜだか一輪だけ、いきなり玄関先に現れた。

まさに、彼岸の時期だった。

美和さんは、一緒に種を蒔いた母親のことを思いだしたという。

天に向かって背筋を伸ばすように咲く彼岸花は、毒々しいほどの凄艶《せいえん》さと、ひんやりとしたものを感じさせた。

その年の冬、義父の望月さんが死んだ。

首つり自殺だった。

しかも望月さんは、美和さんの部屋で首を吊っていた。

どうしてそんなところを死に場所に選んだのか。いや、それどころか、どうして突然自殺などしなくてはならなかったのか。残された美和さんにも兄の孝一さんにも、まったく分からなかった。

美和さんは家を出た。

その年の春から大学生になっていたが、義父の死を契機に寮生活をはじめるようになったのである。

もちろん私には、真の理由は分からない。

自分の部屋で、今度は義父までもが首をくくるなどという、ショッキングな事件のせいもあったかも知れなかった。

だが、もしかしたらそれ以上に、義兄の孝一さんと二人きりで暮らす生活を回避するためではなかったかと思うのは、ゲスの勘ぐりであろうか。

血のつながらない兄妹は、別々の場所で暮らすようになった。

そういう生活をするようになってから二人の間になにがあったのかも、残念ながら私には分からない。

ところが――。

「次の年の九月。どうしても実家に戻らなくっちゃいけない用事があって、私は久しぶりに帰省したんです。そうしたら……また一輪だけ、真っ赤な彼岸花が玄関先に咲いていました」

そして、それからひと月も経たない内に、今度は義兄がこの世を去った。

孝一さんは、なぜだか美和さんが暮らす寮を訪れ、彼女の部屋で、天井から吊り下がって息絶えていた。

三年前のことだった。

「実家は、義兄が亡くなったのを機に処分しました。気味が悪くって、とてもじゃないですけど、もうそんなところには住めませんでしたから」

兄の自殺を境に、美和さんは学生寮も出て、アパートで独り暮らしをするようになった。昨春には大学も卒業し、今は無事に就職をして、地元の大手不動産会社に勤務をしている。

幸運なことにこの三年間は、なにごともなくやり過ごすことができたという。

「でも、また咲いたんです、今年。真っ赤な彼岸花が」

私を見て、美和さんは言った。

その声は、少しふるえていた。

「アパートの庭にある植栽の中に一輪だけ。しかも、一階にある私の部屋の真ん前に咲きました。なんだか『やっと見つけた』とでも言っているみたいでした」

不気味でしょ、先生。

美和さんは強ばった笑みを浮かべた。

「それで……彼岸花は、お母さまの祟りだと」

話を聞き終えた私は、美和さんに聞いた。

「ええ」

美和さんは小さくうなずく。

「なかなか咲かなかった彼岸花が咲いた年に義父が亡くなり、次の年は義兄も亡くなりました。もちろん、ただの偶然かも知れません。でも、今度は私の暮らすアパートにまで、同じ花が咲いたんです。大家さんに聞いたら、植栽にあるのは緑ものばかりで、彼岸花なんか植えたはずはないんだけどと言っていました。だから……今度は母が私を連れ去りに来たんじゃないかって、私が思っても不思議はないですよね」

美和さんはそう言って笑い、「寿命計算」の結果が書かれた鑑定書を改めて見た。

お守りに持ち帰ってもいいですか、これ、と聞かれ、もちろんと私は答えた。


お客さんなどから聞いた怪異な話を一冊の怪談集としてまとめてみてはどうだろうと考えた際、すぐに私は美和さんにも連絡を取った。

美和さんからは「私たち家族の話だと分からないようにしていただけるなら」と承諾の

メールをもらった。

縁起でもない話だが、美和さんから返信があり、正直私はホッとした。

だがその時点では、まだ出版社からGOサインが出ていたわけではない。私は出版社に企画を提案し、返事を待つことになった。

そして、それから数週間。

ようやく担当編集者から色よい返事をもらうことができた。

私はまた、美和さんにもメールをした。「うかがった話も、なんとか掲載できるかも知れません」と改めてお礼と挨拶をした。

しかし、なぜだか今度は、待てど暮らせど返事がない。

算命学の「寿命鑑定」も、死人の恨みにはかなわないということなのかと思ってしまう自分を、私は必死に抑えつづけている。

今でも私は美和さんからの返信を、じっと、じっと、待っている。

トンネル

吉野さんとは同郷だ。しかも、年齢も近い。

ショッピングモールの占いブースで手持ち無沙汰にしていた私に、彼のほうから声をかけてきたのが知り合ったきっかけだ。

客足が途絶え、退屈を持てあましていた私は、渡りに船とばかりに、吉野さんとの会話に興じた。

標準語を使ってはいたが、言葉のなまりに懐かしい響きがあった。

それとなく聞いてみると、同じN県M市の出身である。

たちまち親近感が増した。

吉野さんは、奥さんとお嬢さんと三人でモールに来ていた。だが連れの二人の買い物が思いのほか長く、彼もまた、一人きりの時間にうんざりしていた。

「俺って、占いとか霊とかあんまり信用していないんだよね。あはは」

占いと霊をごっちゃにされても困るが、言いたいことは分かった。

「幽霊も信じない？　ないんですか、不思議な体験とか」

私は吉野さんに水を向けた。

「ないねぇ。なにしろ霊感とか全然ないし。あ、いや、ちょっと待って……」

最初はヒラヒラと手を振って、笑顔とともに否定しかけていた。だがやがて、なにかを思いだしたように眉をひそめる。

「そう言えば、昔こんなことがあったんだ。一度だけだけど」

思いだしたという顔つきになり、目を輝かせて私を見た。

「M市のさ、Q高原に向かう山道の途中に、気味の悪いトンネルがあったんだけど、このトンネルの話は知ってるかい」

フロアを行き交う人々は、誰も私たちのことになど注意を払っていなかった。

したがって声をひそめる必要もないのだが、吉野さんは小さなテーブルに身を乗りだし、あたりをはばかるようにして私に聞く。

話に夢中になるせいか、どんどんなまりが強くなった。

「トンネル？」

Q高原は知っていたが、トンネルの話は知らない。

私は首をかしげた。

「ああ。俺が高校生のときだから、もう四十年近くも前の話なんだけどさ」

吉野さんはそう言うと、彼が体験した不気味な怪異を話しはじめた。


高校時代ヤンチャだった吉野さんは、よく仲間とつるんでは、親にも内緒であちこちにバイクや車で出かけていたという。

そんな夏のある夜、肝試しに行こうという話になった。

土曜日だったという。

当時、一部で話題になっていた山上の心霊スポット。M市内からは、車で一時間ほどの距離にある。

それが、Q高原に向かう山道の途中にあるという、そのトンネルだった。

現在のようにインターネットがあるわけではなく、得られる情報は限られていた。ただ「とにかく怖いらしい」という噂が伝えられているだけだ。

吉野さんともう一人の友人は、ドキドキしながら車で出かけた。

車は友人の家のものだった。

「あの坂の角度はどれぐらいだったかなぁ。多分十一度ぐらいはある。結構な坂せ。でもって、その道をほぼ直角、左に曲がると、すぐにそのトンネルが現れる」

辿り着いたトンネルは、ほぼ一車線に近い狭いトンネルだった。

もちろん一方通行などではない。対向車が来たらどうするのだろうと不安に思わざるを得ないような、小さなトンネルである。

トンネル内に照明はなかった。暗くて出口もよく見えない。

闇夜の底に半円状の入口が、黒々と不気味な穴を空けていた。

見るからに、いわくありげなトンネルだ。

人づてに聞いた怪異は、時刻限定だった。深夜の十二時を過ぎたころトンネルに入ると、とんでもないことが起きるのだと吉野さんたちは聞いていた。

その夜は、二人の乗る車しか現場に来ていなかった。

ラッキーだと思った吉野さんは、時刻が深夜の十二時を回ると、友人に車を発進させた。

いよいよトンネルを通過しようとしたのである。

それまで陽気にはしゃいでいた二人だったが、さすがに緊張が増した。

吉野さんと友人は、いつしかどちらからともなく口を閉ざし、真っ暗なトンネルの中に、アクセルを吹かして入っていった。

トンネルの中は、異様な雰囲気だった。

カラカラに乾ききった暑い夏の夜だというのに、結露がすごい。

空気がじっとりと湿っていて、しかも、重かった。

結露の水が滴り落ち、坂状の路面を結構な量の水が流れている。

トンネル内部は、ゴツゴツとした岩肌が剥きだしになった造りで、見るからにグロテスクだったという。

「トンネルの長さは、三百メートルぐらいだったかな。二人でドキドキして入ったんだけど、最初はなにも起きなかったのよ」

期待が激しかった分、怪異が発生しないことに、二人は文句を言いはじめた。緊張感に耐えかねて、無理にでも陽気にふるまいたかったのかも知れない。

そんなときだった。

——バン！

突然、車にたたきつけるような衝撃が起きた。

うわあああ。

二人は一緒に悲鳴を上げた。

——バン！　バン！

なにかが降ってきたような圧力とともに、二度、三度と大きな音がする。

数頭のイノシシでも一緒に落ちてきたのではないかと思うような衝撃だったと、吉野さんは話してくれた。

だが、ここはトンネルの中である。天井も低いし、そもそもイノシシなんか降ってくるはずがない。

二人はパニックになりながら、ようやくトンネルを抜けた。

向こう側に出てみると、なにもなかったかのように、空には満天の星が輝き、山中はひっそりと静まりかえっている。

「びっくりしたなぁ、と友達と盛りあがりながら帰ったんだよね。帰りも同じトンネルを通ったんだけど、今度はなにも起きなかった」

時刻が深夜だったこともあり、吉野さんは家まで送り届けてもらって友人と別れたという。期待どおり体験できた心霊現象にドキドキし、世の中には本当にこんなことがあるのだなと不思議な気持ちで床についた。

ところが次の日、友人から電話がかかってきた。

とにかく家に来てほしいというのである。

電話をかけてきた友人の声は、なぜだかふるえていた。吉野さんは、いったいなにごとかといぶかりながら、バイクを飛ばして彼のもとに向かった。

友人の家までは、十五分ほど。

迎えに出た友人の顔は、見るからに青ざめていた。

「ちょっと見てほしいと言われて、車を停めてある場所に案内されたのよ。なんだよなんだよと思いながら、友達の後について車まで行った。そうしたら……」

車を見た吉野さんは、叫びそうになった。

車のフロントガラス。

赤いものが、いくつもべっとりとついている。

いや、フロントガラスだけではない。

見ればリアガラスにも、同じように、たくさんの赤いものが付着していた。

それらは、真っ赤な血に見えた。

なにかがぶつかって血しぶきが噴いたような、そんな痕に見えてならない。

だが、奇妙な血痕めいたものは、やがて不意にガラスから消えた。

そこに真っ赤な血のようなものがこびりついていたことを知るのは、吉野さんと友人だけだったという。

「この心霊現象、結構有名で、同じような体験をした人、あとで何人か知り合ったりしたよ」

語り終えた吉野さんは、そう言って笑顔を引きつらせた。

「そのトンネル、昭和の初期に開通したらしいんだけど、なんでもかなり過酷な工事だったとかでせ。工事中に何度も崩落事故があって、生き埋めになった作業員が大勢いたらしいんだよね」

だから怪異は、その作業員たちの霊によるものではないかと、当時、トンネルの心霊現象に遭遇した人々は、さかんに噂しあったという。

「不思議な経験っていうのは、あとにも先にもあれだけだね。でも、あの夜の出来事は、マジで本物だった」

吉野さんは言うと、

「やっべ。いやなこと思いだしちまった」

苦笑いをした。

ちなみにそのトンネル、今は近代的な改良工事をされ、当時の面影は、もうどこにもないという。

峠の出来事

高木さんは、少し左足を引きずっている。

今から十四年前、二十三歳のときに起こしたバイク事故の後遺症だ。

「スピードの出しすぎだったんだよね。カーブを曲がりきれなくて、対向車のトラックとバーン！　救急病院にかつぎこまれたんだけど『ああ、俺死ぬかもな……』ってマジで思いましたよ」


事故の衝撃で、高木さんは頭も打っていた。

意識は朦朧とし、実は詳しいことは、ほとんどなにも覚えていないという。

覚えているのは、痛みと苦しさ。

誰か、早くなんとかしてくれと心の中で叫びながら、かつぎこまれた救命病院の白い天井を見上げつづけた。

多分、処置室だったのではないかと高木さんは言う。

大勢の医者や看護師が、さかんになにごとか叫びながら、高木さんの視界を出たり入ったりした。

「救急患者っていうのはこんなに大勢で見るものなのかって、他人事みたいに思いながら、ただひたすらうめいていました」

事故の知らせを受け、家族もすぐに駆けつけてきた。

泣きながら自分の名前を呼んでいた母親の声も、ぼんやりとしびれた頭で高木さんは聞いた。

医者たちの数は、ますます増えた。

俺、やっぱり相当ヤバいんだなと、高木さんは思ったという。

——今夜が峠だ。

——だな。峠だ。

——死ぬかも知れない。

——うん。死ぬかもな。

入れ替わり立ち替わり、なにかの処置をするためにみんなで高木さんの顔を覗きこみ、医者たちは言葉を交わしあった。

医者だけで、七、八人はその場にいたのではないかと高木さんは思った。

みなヒソヒソ声で話をしていた。

だが「全部聞こえてるよ……」と、高木さんは彼らのデリカシーのなさに、朦朧としながらも内心あきれ、憤慨もしたという。

しかし幸運にも、高木さんは一命を取りとめた。

無事に峠を越えた彼は、二日もすると、つきっきりで看病をしてくれていた母親とも、少しずつ話ができるようになった。

もちろん、全身グルグルと包帯だらけ。ベッドに寝たきりの状態ではあったが。

「ずいぶんたくさん医者が来てたよなぁって、俺、お袋に言ったんです。次から次へと人の顔を覗きこんでは、言いたいことを言いやがって、なんて、若気の至りで息巻きすらしました」

すると、母親は怪訝そうに言ったという。

えっ？　お医者さんは、二人ぐらいしかいなかったはずよ。

「当然、そんな馬鹿なってなったんですけど、やがて俺、『ああ、そういうことだったのか』ってようやく分かったんです」

次々と高木さんの顔を覗く、たくさんの医者たち。

だがよく考えてみると、真剣な顔つきで覗きこんでいるのは一部だけだった。

あとの連中は、どいつもこいつもなんだかとても嬉しそう。あからさまに笑っている奴もいたかも知れないと、高木さんは思いだした。

もう少しで、彼らの世界に行くところだったんだ――。

そう分かり、高木さんは背筋に鳥肌を立てたという。

花火

和美は父方の従妹である。

父は兄弟が多かったため、自然に従兄弟、従姉妹も多いが、そんな中でも七歳年下の和美は、なぜだかずっとウマがあって長いこと交流をつづけている。

占い師として仕事をするようになってからは、何度か相談にも乗ってやっていた。現在は東京都の某市にある大学病院で、外来クラークの仕事をしている。

そんな和美に、鑑定で知り合ったお客さんなどから不気味だったり不思議だったりする怪異を聞かせてもらっていると話すと、彼女は言った。

「そういう話なら、私も病院の同僚に聞いたことがあるよ。水田さんっていうんだけど、彼女、ちょっと霊感が強いみたいで……」

それは、水田さんが出産のため、ある病院に入院していたときのこと。

無事お子さんを産むことはできたが、産後、思うように母乳が出ず、彼女は苦しい思いをしていた。

生まれたばかりの赤ちゃんは、乳恋しさになかなか泣き止まない。しかたなく、水田さんは我が子を抱き、病室から廊下に出て、途方に暮れながら散歩をした。

時刻はすでに、深夜近くになっていた。

すると――。

……ヒタ。ヒタ。ヒタ。

こちらに向かって廊下を歩いてくる足音がする。

夜の病院は明かりが落ちていた。思いのほか暗い。

看護師だろうかといぶかった。だが闇を透かして目を凝らしても姿が見えない。

……ヒタ。ヒタ。ヒタ。ヒタ。

だが足音は、鮮明に聞こえた。

その上、なんだこの音はと水田さんは気づく。

靴やスリッパを履いている音ではなかった。どう考えても裸足である。

裸足の誰かが、こちらに向かって近づいてきた。

しかしどんなに見つめても、廊下の闇にそれらしき人影は見つからない。

水田さんは立ち止まり、産まれたばかりの我が子を抱きしめた。

「ひいいっ⁉」

声を上げた。

自分の見ているものが信じられなかった。

剥きだしになった女の足首——足首だけが、明かりの落ちた廊下を湿った音とともに歩いて、水田さんの脇をとおりすぎていった。


「不気味でしょ？　不思議な人なんだよね。あと、これはそんな水田さんがI県に暮らしていたころの話……」


水田さんはそのころ、I県某市のマンションで暮らしていた。

今から十二年前の夏のことである。

その土地に越してからひと月ほど経ったころ、花火大会があった。

ベランダに出ると、色とりどりの大輪の花火が次から次へと打ちあげられている。

——きれいだね。

水田さんは、旦那さんとベランダに出て花火を楽しんだ。

当時住んでいたマンションは、十階建て。水田さんたちの部屋は五階にあり、打ちあげられる花火を見るには、ちょっとした特等席だったという。

「……？」

水田さんはふと、その興味を同じマンションに住む住人に向けた。

彼女の暮らすマンションは、L字型の構造だった。

斜め向かいにあるお隣さんの部屋のベランダが、水田さんたちの立つベランダから、思いのほかよく見えた。

そこには、会えば必ず挨拶を交わす奥さんと、その旦那さん、そして二人の男の子がいた。

小学校高学年のお兄ちゃんと、まだ一年生か二年生ぐらいの幼い弟。

四人の親子は仲睦まじく、みんなで真夏の夜に咲く美しい花火に、興奮した歓声を上げている。

水田さんはそんな親子を微笑ましく思いながら、こちらに気づいた奥さんや旦那さんと挨拶を交わし、一緒になって夜空を見上げた。

「おはようございます」

翌朝。

ゴミ出しに出た水田さんは、同じタイミングで部屋から出てきた隣室の奥さんと笑顔で挨拶をした。

隣の奥さんも、両手に白いゴミ袋を下げている。

昨夜の花火大会のことを話題にしながら、二人はワイワイとエレベーターに向かった。

「そう言えば」

水田さんは隣の奥さんに言った。

「お子さん、お二人いらっしゃったんですね。上のお兄ちゃんはよく挨拶させてもらってたんですけど、下の息子さんは、昨日初めてお見かけしました」

水田さんのその言葉を聞き、隣の奥さんは血の気を失った。

下の男の子は、二年前に亡くなっていた。

交通事故だった。

どんな男の子でしたかと聞かれた水田さんは、記憶に残っているその子の面影を奥さんに話した。

奥さんの手からゴミ袋が落ちた。

くずおれるように、その場に泣きくずれる。

エレベーターが上がってきても、とても動ける状態ではなかった。

あとでそのことを自分の旦那さんに話すと、「そんな子、いなかったぞ」と、旦那さんは薄気味悪そうに水田さんを見たという。

ニュータウン

ある占い師仲間の女性から聞いた話である。

もう十五年近くも前のことらしい。

彼女は、当時知人だった一人の女性から、この話を打ち明けられた。

ここでは仮に、安倍さんとする。安倍さんは、F県某市の郊外に住んでいた。

当時の年齢は四十五歳ほど。主婦である。

「変なことばかり起きるんですって言うのよ。真剣に、お祓いしたほうがいいんじゃないかって思うぐらいだって」

占い師の女性は、当時を思いだして言った。

安倍さんの話を聞いてみると、たしかにただごとではなかったという。

安倍さんたち家族——安倍さんと四歳年上のご主人、高校二年生の息子さんは、五年前にその街に越してきた。

二十年ほど前に造成され、「××ニュータウン」として大々的に売りだされた区画三百ほどの新興住宅地。

「とにかく土地が破格の安さだった」というのが、その地に移り住むことを決意した最大の理由だったという。

だが、破格の安さにはやはり相応の理由があった。

それまでそこに住んでいた一家に自殺者が出ていたのだ。遺された家族は、一家離散のような形で土地から姿を消していた。

「そのことは、不動産会社のほうからもきちんと説明を受けたんですって。たしかに気持ちは悪かったって。そりゃそうよね。なにしろ事故物件だもん」

知り合いの占い師は私に言った。

「でも、『地鎮祭とかでしっかりお祓いをして、きちんと建物を建て直せば、そんなにこだわることもないんじゃないか』という旦那さんの意見も、たしかに一理あると思ったらしいわ。それぐらい、土地の価格は魅力的だったって。とにかくそのニュータウン、あたりは広大な畑とかのどかな牛舎とかがあって、のんびりとした素敵な土地だったらしいのよ。しかも、旦那さんの会社までも十分通勤圏内だし」

価格の安さと土地の魅力に抗いきれず、結局安倍さんたち一家は、売りに出ていた分譲地を購入した。

新しい家を建てるについては、地鎮祭もしっかりと執りおこなった。

念願のマイホーム設計には、家族みんなで嬉々として意見を出しあった。そして全員の希望を最大限考慮する形で、無事に新居が完成した。

「ところがその家で暮らしはじめてみると、次々におかしなことが起こりはじめたんですって」

おかしなことは、まずご主人に起きた。

どういうわけか、夫婦仲が険悪になった。

それまでは仲のいい夫婦だったし、大声を出すような人ではなかったのに、なんのかのと安倍さんに文句を言い、罵声を上げることも少なくなくなった。

やがて、家に寄りつかなくなった。信じられないことに愛人を作り、彼女の家に入り浸るようになった。

すると今度は、息子さんが登校拒否になって家に引きこもるようになった。

学校の成績は悪くなかったがいじめに遭い、これまた人が変わったかのように粗暴さを露わにした。

「安倍さんのお友達に霊感の強い人がいて、その人が遊びに来たことがあったんだって。でも、家に入るなり見る見る笑顔が強ばって『どうしてこんなところに越してきたの』とまで言われたって」

そんなことを言われても、安倍さんたちはすでに三十五年ものローンを組んでしまっている。

すぐに越したほうがいいと進言されたが、失礼なことを言わないでと喧嘩になり、それ以来、その友人との交流は途絶えてしまったという。

「そうしたら、今度は安倍さんが乳ガンをわずらっていることが発覚して。結局一か月近くも入院しなければならなくなってしまったのよ」

引きこもりの息子さん一人を残して入院することは気が引けたが、だからといって手術をしないわけにもいかない。

安倍さんは、車で三十分ほどの距離に住む実姉に息子さんの世話をたくし、やむなく入院をした。

その結果、幸運にも手術は成功し、予後も良好なまま、明日はいよいよ退院というところにまで漕ぎつけた。

その晩、実姉が死んだ。

交通事故。

安倍さんの家から自宅に戻る途中で車同士の事故に遭い、命を落とした。

即死だった。

その上、息子さんの様子も一か月前よりさらに悪化していた。

その家に越して以来、どんどん精神が不安定になっていたが、安倍さんが帰ってみると「知らない子供が家の中にいる」と言って、いっそう激しい錯乱状態になってしまっていた。

奇天烈な声を上げて叫んだり、パニックになって逃げまどったりする息子さんを、安倍さんはどうしていいか分からず、持てあますばかりだったという。

結局息子さんは、面倒を見てくれた伯母——安倍さんの実姉の葬儀にも参列できなかった。

「どうして××は来ないんだ」と義兄たち家族に鬼の形相で難詰され、安倍さんは平身低頭するしかなかった。

葬儀が終わって家に帰ると、息子さんはいなくなっていた。

外出用のバッグも靴も、家に残したまま。

まるで神隠しにでも遭ったかのようだった。

完全に、消えた。

「どうもね、やっぱりあまりいい場所じゃなかったらしいのよ、ニュータウンのその一角。隣の家も火事で住人が変わっていたり、向かいの家では大事な一人息子が奇病で寝たきりになっちゃっていたり」

そうした事実を、やがて安倍さんは次第に知るようになる。

これはとんでもないところに越してきてしまったと、今さらのように後悔したらしい。

「それで安倍さん、いろいろと調べている内に、ある人と懇意になったらしいのよね。住宅街の隣にある広大な畑で、林檎農園をやってる人だったって」

占い師の女性は、そう私に話した。

林檎農園を営んでいた老婆は、安倍さんがなにを聞いても、最初はなかなかしゃべろうとしなかったという。

だが、ようやく重い口を開いて話してくれたことによれば——。

「そのニュータウン、基本的には田畑だった場所を造成してできたものだったらしいんだけど、土地の一部はそうではなかったの。そこらへんがまだ××村という名前で呼ばれていた遠い昔に、疫病なんかにかかった牛とか豚とか、穢れた家畜の死体を大量に処分していた忌まわしい場所も含まれていたんですって」

そしてそこには、表立っては埋葬できない人間の死体を、村ぐるみでこっそりと捨てていた時期もあったようだ。

たとえば、間引きされた子供であるとか……。

安倍さんの家や、不幸が起きた近隣の住家は、その昔、そうした動物の殺処分場があった跡地に造成されたものだった。

「こういう話を聞くと、怖くて簡単に引っ越しなんかできなくなっちゃうわよね」

女性占い師はそう言って笑った。

その笑顔は引きつり、強ばっていた。


ちなみに安倍さんの息子さんは、失踪してから一か月後、ニュータウン近くの牛舎の中で死体として発見された。

それまで彼がいったいどこでどうしていたのかは、結局謎のままだったという。

手話教室

その手話教室は、北関東の地方都市にあった。

主宰者で講師を務めるのは、アメリカ人の男性と結婚し、長いこと米国で暮らした経験を持つ、雅美さんという聴覚障碍者。

週に三度、アメリカ手話を教える教室として人気を集めた。

「これは、その手話教室で起きた話です。もう三年も前になりますけど……」

重い口を開いて話してくれたのは、当時その教室で運営の手伝いをしていた桜庭さんという女性である。

若いころ、雅美さんと同じ会社で働いていたことが縁となり、ずっと交流をつづけていた。

現在四十代なかばぐらいの、物腰の柔らかな女性である。

「教室は、最寄り駅から歩いて五分ぐらいのところにある古い建物でした。お世辞にもきれいとはいいがたいというか、はっきり言うとちょっと気味の悪いビルだったんですけど、その分家賃はとても安かったらしいんです。ところが……」

その小さなビルは二階建て。

一階に二部屋、二階にも二部屋があった。

昭和の時代に建てられた物件だとかで、壁はすすけて薄汚れ、いつでも不気味な感じがついて回っていたという。

雅美さんが借りた部屋は、六坪ほどの広さだった。

アメリカ手話を教えてくれる教室なんて、そうはない。

週に三度、夕方から夜にかけておこなわれるレッスンの日は、どのクラスにも熱心な受講者たちがつめかけた。

——これで、教室さえもっとよかったら、言うことがないのだけれど。

雅美さんの手前、誰もおおっぴらには口にしなかったが、本音を言ってもよいのであれば、それが受講生たちの共通の認識だった。

「それでも、レッスンへの参加希望者はどの曜日も引きも切らない状況でした。だけどどういうわけかどのクラスにも、喜んで来たはいいもののすぐに退会してしまう人がいた。

どうしてだろうねなんて、雅美さんと話したりしていたんです」

そんなある日、桜庭さんはようやく気づいた。

長つづきしないで辞めてしまう人たちには、ある共通点があったのだ。

「レッスンは、会議用の長テーブルを長方形の形になるようにくっつけて、お互いの顔や手の動きを見ながらできるようにしていました。でも、早々と辞めてしまう人たちは一人の例外もなく、教室の入口に一番近い、角の席に座った人だったんです」

桜庭さんは当時を思いだしてそう言った。

手話教室の入口は、老朽化したビルの中央を走る、くたびれた廊下の奥のほうにあった。薄暗く陰気で、じっとりとした湿気と埃の匂いが濃い、狭い廊下。

二つの部屋は廊下を挟んで向かい合っており、廊下の最奥部には共同トイレと、簡単な炊事施設があったという。

桜庭さんは、自分が気づいた退会者たちの共通点を雅美さんに話した。

すると雅美さんも「たしかにそうね」と驚き、二人してどういうことだろうかとひとしきり話題にした。

厳密に言うなら、受講者たちの席は固定されているわけではない。

どのクラスも毎回、早い者勝ちである。

しかしそうは言いつつ、どのメンバーがどの席に座るようになるかは、どのクラスもおのずと決まっていくものだ。

空いている席も、当然決まる。

たとえば教室の入口に一番近い、角の席がそれだった。

そしてその席に座ることになる新規の入会者は、どのクラスも必ず、数回出席しただけで顔を出さないようになっていく……。

「とにかく、あまり縁起のいい席ではないようねってことになって。それからはどのクラスでも、その席はあえて空席にするようにしたんです。受講生にも冗談交じりで理由を話すと、縁起かつぎは大事よねってことになって、みんなにも協力してもらうことができました」

すると不思議なことにそれからは、不意の退会者はぴたりと途絶えた。

桜庭さんと雅美さんは「なんだか不気味ね」と首をかしげながらも、悩みの種が解決できたことに大いに喜んだという。

ところが。

そんなある日のことだった。

一つのクラスに見学希望者がやってきた。

現れたのは三十代前半とおぼしき女性で、瀬崎さんといった。瀬崎さんは奈々ちゃんという五歳の女の子を連れている。

講師の雅美さんは、瀬崎さんと奈々ちゃんを他の受講生たちと一緒に座らせてレッスンをはじめた。

だが、どうも様子が変である。

奈々ちゃんが、しきりに小声で瀬崎さんに訴えていた。

瀬崎さんは他の受講生の手前、そんな奈々ちゃんを必死になだめ、なんとか静かにさせようとするのだが、奈々ちゃんは聞かない。

「どうかしましたかって。私、瀬崎さんの席まで近づいて聞いたんです。そうしたら瀬崎さん、最初は、なんでもないんですって言っていたんですが、とうとう奈々ちゃんが泣きだしてしまって……」

桜庭さんは、瀬崎さんと奈々ちゃんを連れて廊下に出た。奈々ちゃんはお母さんの足にしがみつき、えぐえぐと泣きじゃくっている。

実はこの子、ちょっと霊感が強いみたいでと、薄暗い廊下で瀬崎さんはしきりに恐縮した。

霊感が、と桜庭さんは聞いた。

すると瀬崎さんは、ええ、とうなずき、

「どうしてあのお姉さん、泣いているのって、この子がうるさくて。どのお姉ちゃんって聞いたら、誰も座っていない、入口近くの椅子を指さして、あそこに座っている髪の長いお姉ちゃん、って……」

出てきたばかりの背後を振り返り、困惑した顔をして言ったという。

「あとで分かったことなんですけど、その教室、昔はなんとかっていう印刷関係の会社のオフィスだったらしいんです。昭和の時代の話です」

その当時、印刷会社で死人が出た。

若い女性事務員だったようだ。

詳しい事情ははっきりとしない。だがそれからほどなく、会社は倒産した。

「それ以来、そのオフィス跡に入ってくるテナントは、どこもあまり長つづきしないで撤退することが多かったようなんです」

ご多分に漏れず、アメリカ手話の教室も一年も持たなかった。

教室は盛況だったが、主宰者の雅美さんが急逝した。縁もゆかりもないはずの、高層マンション上階からの飛び降り自殺だった。

遺書らしきものには、

――ごめんなさい　二度としません　ごめんなさい

取り乱した文字で、そう書かれていたという。

「それなのに私のほうは、こんな風にいまだに生きていてもいいのかな、なんて思わないでもないんですけど、どうしようもないですね」

こればっかりはと、桜庭さんは言って、力なく笑った。

エレベーター

東海地方のある街に暮らす、梅井さんという女性から聞いた。

今から十五年ぐらい前のことだという。

「オフィスビルやホテルが建ち並ぶ大通りから一本裏に入った通りに、小さな神社を中心にした、とってもノスタルジックな雰囲気の街があるんです。当時私は、その通りにある七階建てのオフィスビルで働いていたんですけど……」

当時、梅井さんはＩＴ関係の仕事をしていた。

二十二歳になったばかりのころである。

システムの納品時期が近づいてくると、連日の残業なんて当たり前。たった一人、オフィスに残って仕事をする日々がつづいていた。

別のＩＴベンダーから転職してきたばかりで、チームのメンバーたちのようにピッチを上げられなかったのも大きかったという。

だが――。

「そのビル、ちょっと古い建物で。昼間はいいんですけど、夜になるとなんだか不気味さが増して、あまり気持ちのいいところではなかったんです」

しかし不気味だろうとなんだろうと、納期には間にあわせなければならない。梅井さんは一人になっても、必死になってプログラミングの仕事に精を出した。

「毎晩深夜の一時過ぎぐらいまで、ＰＣに向かうようになりました。そんなある晩、ふと、気づいたんです」

――まただ。

……トーン。トーン。

作業の手を止め、梅井さんは眉をひそめた。時計が深夜零時を回ると、外からボールをつく音が聞こえてくるのである。

オフィスはビルの六階にあった。だが、あたりが静まりかえっているせいか、その音は思いのほか鮮明に、彼女の元まで届いてくる。

「こんな時間に、誰がボールなんてついているんだろうって不思議でした。近くにバスケができるようなコートなんてありませんし。窓を開けて通りを見下ろしても、どこにも人影なんか見えません」

薄気味悪いなと思いながらも、梅井さんは深夜残業をつづけた。なるべくそのことについては考えないように努めたという。

さらに奇妙な怪異が発生したのは、そんなある夜のことだった。

その晩も、梅井さんは遅くまで一人で残業をした。

深夜零時を回るといつものように、誰かがどこかでボールをつく薄気味悪い音も聞いた。

ようやく仕事が一区切りついたのは、深夜の二時を回ったころだ。

帰りじたくをすませた梅井さんは、オフィスの明かりを落とす。ドアに鍵をかけ、エレベーターホールに向かった。

エレベーターの箱は、一階に止まっていた。

ボタンを押すと、やがてエレベーターはゆっくりと上昇しはじめる。

二階……三階……四階……五階……六階。

箱の到着したチーンという音が響いた。

エレベーターのドアが開く。

梅井さんは箱に乗り、一階のボタンを押した。

ドアが閉じ、エレベーターがゆっくりと下降しはじめる。

五階……四階……さ——。

……えっ？

梅井さんはギクッとした。

エレベーターの箱が、四階で停止したのだ。

(こんな時間に、私以外にも残業をしている人がいたのね)

なんだかちょっぴり嬉しくなりながら、梅井さんはドアを見つめた。

四階のフロアには別の会社が入っており、顔見知りなどいなかったが、思わずにこやかに挨拶をしてしまいそうになる。

やがて、ドアが開いた。

誰もいない。

あたりは闇に沈んでおり、誘導灯の明かりだけが、やけにくっきりと光っている。

……あれ？

ドアが閉じないようボタンを押し、身を乗りだしてホールを見た。

だが、やはり人の気配はどこにもない。

「待ちきれなくなり、階段を使って降りたのかなと思いました。四階から下りるのは結構大変なはずだから、辛抱してもう少し待っていればよかったのに、なんて思ったことを覚えています」

梅井さんはため息をつき、ドアを閉めた。

するとふたたび、エレベーターの箱はゆっくりと下降しはじめた。

ところが――。

……トーン。

ひいいッ。

梅井さんは飛び上がった。

誰かがボールをつく音が、すぐそこでする。

すぐそこ――決まっている。

ボールをつく音は、エレベーターの中で響いていた。

「もう生きた心地がしませんでした。と言うか私、多分ずっとパニックになって悲鳴を上げていたと思います」

あああ。あああああ。

エレベーターから逃げだしたくて、フロア表示のボタンを、三階、二階と立てつづけに押した。

しかし、エレベーターは止まってくれない。

三階、二階と梅井さんの希望を無視し、なおもゆっくりと下降していく。

……トーン。

ひぃぃぃぃっ。

……トーン。トーーーーーン。

あああ。ああああああ。

ボールをつく音が、狭いエレベーターの中に響いた。

ドアにしがみついた梅井さんは恐怖の悲鳴を上げ、パニックになってドアをかきむしる。

……トーーーーーン。

あああああ。

……トーーーーーーーン。トーーーーーーーーーーーン。

あああ。あああああああ。

やがて、ようやく一階にエレベーターが着いた。

まさかこのまま、ずっとドアが開かないなんてことないわよねと卒倒しそうになりながら、梅井さんはドアから離れた。

やがて。

なにごともなかったかのようにドアが開いた。すると——。

……トーン。トーーーン。

「エレベーターから出たボールの音が、ゆっくりと遠ざかっていきました。ビルの壁を通過したのでしょう。ボールをつく音は、深夜の通りを少しずつ、少しずつ小さくなっていきます」

その時刻になると、社員たちは守衛室のある裏口から出ることになっていた。

あわてて通りに出た梅井さんが耳を澄ましても、もうボールをつく音は、どこにも聞こえなかったという。

「次の日同僚たちに話しても、誰も本気にしてくれませんでした。私はもう怖くって、それからは深夜零時を回る前に、必ずオフィスを出るようになりました」

梅井さんはそう言った。

どうしてオフィスでボールの音なんか聞こえたのかは、結局今も謎のままだ。

お父さん、女の人が燃えてる

焼身自殺は数ある自殺法の中でも、もっとも苦しいという。

自分の身体が燃えあがるのを壮絶な痛みとともに自覚しながらも、なかなか意識を失えない。

心臓は簡単には止まってくれず、自分の身体が真っ黒に焦げて炭のようになっていくというのに、まだそんな自分を見ることができるという。

「彼ね、『不安なんだ。とにかく不安でしかたがない』って、会うたびにこぼしていたんですって。まあ無理もないと思うけど」

そう私に話してくれたのは、占いを通じて親しくなった木原さんという女性である。

木原さんはこの話を、若いころから仲のいい親友の女性に聞いたようだ。

五年前のことだという。

その女性は、当時ある男性の恋人の立場にあった。その恋人の名は、ここでは斉藤さんとしておこう。

斉藤さんは、当時五十五歳。恋人の女性と逢瀬を重ねるたび、しょっちゅう愚痴を言っていた。

木原さんは言う。

「不安の種は跡取り息子のことだったらしいんだけど、聞いてみるとこの息子さん、たしかに気味が悪いのよね」

斉藤さんの一人息子である陽平は、小さなころからちょっと変わったところがあった。もしかしたら、霊感が強かったのかも知れない。

――お父さん、女の人が燃えてる。

斉藤さんの記憶の中で、初めて陽平がそう訴えて泣き叫んだのは、六歳のときだった。女の人が燃えてる。

部屋の片隅を泣きながら指さし、斉藤さんと彼の妻に必死になって訴えた。

もちろん斉藤さんにも妻にも、燃えている女など見えるはずもない。驚いた妻は息子をなだめ「大丈夫よ。大丈夫」とさとそうとした。

しかし、陽平はその後も頻繁に、女の人が燃えている、若いお姉ちゃんが燃えていると
パニックになり、火が点いたように泣いては両親を困らせた。

元々神経質なところのあった斉藤さんの妻は、やがてそんな一人息子を気味悪がるようになり、ついには心を病んでしまった。

斉藤さんはそんな妻と我が子を持てあましながら、実は妻にも言えない忌まわしい記憶を心に蘇らせていた。

まだ若いころ、つきあっていた女性がいた。

京子、としておこう。

京子は美しい女性だった。だが独占欲が強く、とても陰気なところがある。

嫉妬心も強かった。異常なほど、と言ってもいい。

斉藤さんは京子とつきあえばつきあうほど、彼女の性格に辟易するようになっていった。

その結果、彼はまったく別のタイプの女性とも交際するようになった。

いわゆる、二股だ。

それを知った京子は、半狂乱になった。

斉藤さんが自分を捨ててその女のもとに走りそうだと分かるや「別れるっていうならガソリンをかぶって自殺する」とまで言った。

そして、本当にガソリンをかぶって自分に火を点けた。

恨むから。本当に恨むから——。

斉藤さんにそう言い残して京子が焼身自殺をしたのは、斉藤さんが二十一歳の大学生、京子が喫茶店で働く二十歳のときのことだった。

斉藤さんは結局、京子を捨ててつきあった新しい恋人ともうまくいかず、半年ほどで別れた。

その女性は「女が燃えてる。女が燃えてる」と眠りにつくたび半狂乱になって飛び起き、そんなこととの因果関係は定かではないものの、あるとき車に撥ねられて、突然この世を後にした。

斉藤さんは、もうしばらく女はいいやと厭世的になった。

結局、三十五歳まで独身で過ごしたという。

ちなみに斉藤さんは、大学を卒業すると大手ＩＴ企業に就職し、システムエンジニアとして官公庁などに種々の大規模システムを納入する仕事のエキスパートになった。

そんな彼の前に現れたのが、いささか神経質ではあるもののやさしい気立てを持った十二歳年下の恋人。のちに彼の伴侶となる女性だった。

斉藤さんは彼女と結婚し、陽平という子宝にも恵まれた。

だがもちろん、学生時代に自分のせいで、年若い娘が焼身自殺をしたなどということは、妻の耳にも息子の耳にも、入れることなどしなかった。

「息子が見ているのは、もしかしたら昔の恋人なんじゃないかって思うと、生きた心地がしなかったって言ってたんですって。その内、奥さんはますます病気が重くなって、見かねた彼女の両親に、無理矢理実家に戻されちゃって……息子の陽平君も、どんどん様子が変わっていったらしいのよね」

そのころには、陽平はもう小学四年生になろうとしていたという。

そしてその時分になると、陽平は「女の人が燃えている」とは、もう言わなくなっていた。

だが、大きくなったせいで霊感めいたものがなくなったのだろうとは、斉藤さんには思えなかった。

なぜならば――。

「ぼうっとした顔つきで、部屋の隅のほうを膝を抱えて見てるんですって。なんともうっとりした……なんて言うのかしら、まるで、とんでもなくきれいなものでも見ているようなな、それはもう恍惚とした顔をして」

まさか、いまだに昔と同じ幻影を見ているわけではあるまいなと、父子二人暮らしになった斉藤さんは息子を心配するようになった。

変な言いかただが「女の人が燃えている」と泣き叫んで訴えるほうが、まだ正常である。

妻とはすでに離婚していた。

男手一つで仕事に追われ、思うように息子をかまってやれないことも、ずっと心に引っかかっていたという。

「そうしたら……斉藤さんたちが暮らしていた界隈で、突然思いがけない事件が起きたらしいのよ」

木原さんはそう言って、気味悪そうに目を細めた。

放火事件。

斉藤さんたちの自宅から一キロと離れていない場所で、二件の放火事件が立てつづけに起きた。

どちらも標的となったのは、二階建ての一軒家。事件が発生したのは、いずれも深夜零時を回ったころだった。

二件目のほうは不幸中の幸いとでもいうべきか、命を落とした人はいなかった。

だが、一件目のほうでは死人が出た。その家で暮らす二十歳の娘が逃げ遅れ、忌まわしい火事の犠牲になった。

二つの事件は、二週間も間を置かずに起きた。

そのどちらの日も、斉藤さんは仕事で帰りが遅かった。

某省庁に納める大規模システムの工完時期が近づき、働きざかりの責任者として、システム開発の最前線で指揮を執りつづけていたからだ。

だから、最初の事件のときは、さほど気にならなかった。

しかし、二件目の事件が新聞に載り、近隣住民たちのかっこうの話題になると、次第に不安になってきた。

地域の楽屋雀である隣家の主婦から、二件目の被害家族の中にも二十歳になる娘がいたらしいと聞いたからである。

――二十歳の娘。

二十歳のとき、ガソリンをかぶって自分に火を点けたかつての恋人のことを、いやでも思いだした。

そしてもちろん、そんな忌むべき恋人と、どうしてだか縁の深い陽平のことも。

斉藤さんはそれとなく、放火事件について息子に聞いた。すると陽平は、そんな時間には両日ともとっくに寝ていたと答えた。

だが、息子の嘘はすぐに露見した。

楽屋雀の主婦が暮らす隣家には高校生の息子がいた。野次馬になってどちらの火事も見物に出かけた彼は、同じように現場に駆けつけて火事に見入っていた陽平の姿を目撃していた。

高校生ならまだしも、小学生が平気で出歩いていていいような時刻ではないにもかかわらずだ。

「まさかうちの息子が放火事件を起こしたんじゃないだろうかって、当時は可哀想なぐらいうろたえたみたい。燃える女の人の幻を、膝を抱えてうっとりと見入っていた息子さんの姿が忘れられなかったようね。やっぱりこれはあの女の祟りだって、焼身自殺をした昔の恋人に相当おびえたみたい」

不安にかられ、自分の息子とどう向きあうべきか、真剣に葛藤したという斉藤さんの日々は想像にあまりあった。

自分の息子が放火犯ではないかと疑心暗鬼になるたびに、生きた心地もしなかったに違いない。

だがやがて、問題は呆気なく解決した。

放火犯が逮捕されたのだ。

犯人は、当時二十歳になったばかりの女だった。

放火の犠牲になった二軒の家にはどちらも二十歳の娘がいたが、犯人の女は中学時代、彼女たちと同級生だった。

激しいいじめの餌食になり、心を病んで家に引きこもるようになった。

あいつらさえいなかったら今ごろ私はと、いじめグループの主犯格だった二人に歪んだ憎悪を燃やした末の犯行だった。

「ああ、よかったって、胸を撫でおろしたんだって。疑って悪かったって、こっそりと息子さんに詫びながら」

それでも時折陽平は、それからも一人きりの世界に入り、ぼうっとなにかを見ていたという。

そんな彼の横顔は、こちらがゾクッとなるほど恍惚としていた。

しかし、現実世界に問題が出なければそれでよしとしなければと、斉藤さんは思った。

いきなり心ここにあらずな状態になる息子に漠とした不安はおぼえながらも、見て見ぬふりをして、斉藤さんは父子二人の暮らしをつづけた。

やがて、陽平は二十歳の大学生になった。

まずは人にも胸を張れる、有名な一流大学。

斉藤さんは無事にここまで来られたことに、感慨深いものをおぼえた。

そして、陽平が大学を卒業し、晴れて社会人となる日を楽しみにしながら黙々と働き、息子には内緒で、恋人の女性ともつきあうようになったという。

そんな、ある日のことだった。

その娘は、突然斉藤さんの前に現れた。

「つきあっている人がいるって言って、息子さんが突然連れてきたんですって。結婚するつもりでいるとまで言って」

娘の顔をひと目見た斉藤さんは、叫びそうになった。

陽平が連れてきた若い女は、京子そっくりだったのである。

しかも、年齢は二十歳だという。

陽平は、文字どおり彼女にデレデレだった。

自分が今、幸せの絶頂にあることを隠そうともしない喜びようで、うっとりと恋人の横顔に見とれた。

その表情は、燃える女性を見つめていたときの顔と、寸分違わなかったという。

「だから『不安なんだ。とにかく、不安でしかたがない』って、私の友人に愚痴らずにはいられなかったらしいの」

息子の未来を案じ、斉藤さんはふたたび、生きた心地がしなくなった。

もっとも、それから彼ら親子がどうなったのかは、友達が彼と別れてしまったので、もう分からないんだけどねと木原さんは言った。

焼身自殺は、数ある自殺法の中でも、もっとも苦しいという。

自分の身体が真っ黒に焦げて炭のようになっていくのを、発狂しそうな痛みとともに見ていたであろう、京子という女。

その恨みは、もしかしたら今もまだ、斉藤さんを苦しめている。

R指定怪談

主婦の深雪さんは、母一人、子一人で大きくなった。

女手一つで育ててくれた母親は、二年前にこの世を去った。

七十二歳だった。

「怖い話か……私、霊感とかないんですよね」

占いのかたわら怪異な話を集めていると話すと、深雪さんは天を仰いで思いだす顔つきになった。

「あ……でも小さいころは違ったんだ。そうそう、そう言えばね、こんなことがありましたよ」

もう母も死んじゃったことだし、話してもいいですよねと深雪さんは笑った。

当時、深雪さんは母親と二人、アパート暮らしをしていた。

母親は二十五歳。深雪さんは五歳だった。

深雪さんの母親は、夜の仕事で生計を立てていた。

「化粧なんかしなくても、顔立ちの整ったきれいな人でした。若いころはね。だから仕事に行くためにバッチリ化粧なんかして着飾ると、子供の私が見てもとっても素敵で。そんな女性を、まわりにいる男の人がほうっておくわけないですよね」

やがて、母親には男ができた。

勤めているスナックの経営者だったはずだと深雪さんは言う。

四十がらみの、なかなか色っぽい男性だった。深雪さんにもあれこれとお土産を買っては、家を訪ねてきたようだ。

「でも、その人が家に来たときは、私はなるべく顔を出さないようにするっていうのが、私たち母娘の暗黙のルールでした」

深雪さんはそう言って苦笑した。

暮らしていたアパートは、築二十年ほど。六畳一間に小さなキッチンと風呂、トイレがついただけの簡素な作りだった。

いつからか深雪さんは、夜になると押し入れの中に敷いた布団で寝るようになった。

「そうすると、夜中に目がさめても、母がその人と一緒に帰ってきているかどうか、音で分かるんです。でもって、押し入れを開けていいときか、そうじゃないときかも……分かりますよね、言いたいこと」

子供が見てはならないR指定な状況だと分かると、どんなにトイレに行きたくても、深雪さんはじっと我慢をしたという。

母親に命じられていたせいもあり、そういうときは頭まで布団をかぶり、眠れなければスタンドを点けて絵本を読んだ。

どうしても我慢できなければ、押し入れの襖をドンドンとたたき、おしっこに行きたいことを母親に伝えた。

「でも、できるだけそういうときは知らん顔をしていたかった。音を聞くのもいやでした。なんていうか……私の知らない母がそこにいる気がして、気持ち悪くって」

ことが終わると、男は必ず部屋を後にした。泊まっていったことなど、一度もなかったのではないかと深雪さんは言う。

思わぬ怪異を体験したのは、そんなある夜のことだった。

いつものように一人で夕飯をすませ、遅くなると押し入れに入った。

買い与えられていた絵本を読む。次第にうとうとしはじめた。いつしか深雪さんは、深い眠りに落ちていった。

それから、どれぐらいの時間が経ったのだろう。

目をさますと、尿意をおぼえていた。

深雪さんは、襖越しに気配を探った。

例の社長が来ているならば、酒を飲んで騒ぐにぎやかな声か、聞いてはならない母親の淫らな声がしているはずだ。

だがそのどちらも、今夜は耳に届かない。

明かりも点いていないようだ。

まだ帰ってきてはいないのか。それとも、とっくに帰ってきているどころか、すでにぐっすりと深い眠りに落ちているか……。

「大きな音を立てて襖を開けると、よく怒られたものですから。そっと開けるのが習性になっていました。だからそのときも私、そろそろと襖を開けたんです。そうしたら……」

深雪さんは、ギョッとした。

暗闇の中、裸の男女が布団の中で、一つに絡みあってクネクネと動いている。

母親と社長だった。

しかも母の喉からは、耳をふさぎたくなるような獣の声があふれている。

「そんな馬鹿なって思いました。だって押し入れの中で耳を澄ませたときには、絶対に音なんてしていなかったんですから」

いずれにしても、これはまずいと浮き足立った。気づかれない内に襖を閉めないと、明日の朝、また母に怒鳴りちらされないとも限らない。

深雪さんは慎重に襖を閉めようとした。

ところが――。

……えっ？

襖を閉めようとした手が止まった。

全身が硬直する。闇の中で目を凝らした。

女が立っていた。

足元まで届く、ワンピースのような白い服に身を包んだ髪の長い女。熱烈に抱きあう母と男の足元に立って、じっと女は二人を見ている。

「私、『きゃあああ』って叫んでしまって。あわてた母が『閉めなさい！』と怒鳴るんで襖を閉めたんですけど、泣きながら押し入れの中でお漏らししてしまいました」

やがて、部屋に明かりが点いた。

身づくろいを整えた母親が「どうしたのいったい」と言いながら襖を開ける。

女が立っていた。

母の肩越し。

先ほどと同じ場所でこちらを見ている。

女は母を睨んでいた。

布団の上では社長が全裸のままあぐらをかき、ニヤニヤしながらこちらを見ていた。女はそんな社長のうしろにいる。

——ぎゃあああ。

深雪さんは、またしても叫んだ。

指をさし、半狂乱で女の存在を訴える。

だが母親たちが振り向くと、もう女はいなかった。


「どうも、あまりいい人ではなかったらしいんです、そのスナックの社長。奥さんがいるのにあっちにもこっちにも女を作って。無理矢理子供を中絶させられて、自殺した女の人もいたって聞きました」

深雪さんは、そう後日談を語った。

その夜、深雪さんのアパートに現れた女性が、その中絶云々の女だったかどうかは、もちろん分からない。

だがそれからほどなく、深雪さんの母親は男と別れた。勤めていたスナックも辞め、別の働き口へと移っていったという。

深雪さんはそれ以来、二度とその女を見ていない。

結婚指輪

「母の守護霊って、多分私のおばあちゃん。母の母だと思うんです。四十歳で母を産み、それがもとで命を落としました」

そう話してくれたのは、関東地方のS県に住む久我さんという女性だ。

四十代で、モデルのような容姿を持つ久我さんは「とにかく母の守護のされかたが半端ではないんです」と言う。

「おばあちゃん、私の母のことを死んでもずっと溺愛しつづけているんだと思います。あらゆるものから守って、守って、守り抜いて。そのせいで、いろいろな人が命を落としました。とっても気性の荒い人だったみたいだから、怒らせると怖いんじゃないかな」

確信に満ちた顔つきで、久我さんはうなずき、微笑んだ。

いったい彼女の母親のまわりで、なにが起きたというのか。つい詳しいことを聞かずにはいられなくなる、ちょっと不気味な笑いかただった。

久我さんのお母さん――名前は幸子さんとしておく。

幸子さんは小柄で、ちょっぴりふくよかな女性である。大人しく家庭的なご婦人で、喜怒哀楽を表に出すことはほとんどない。

いつもやさしい、柔和な笑顔が印象的な人だと久我さんは話してくれた。

幸子さんは夫にも、子供である久我さんと弟さんにも、豊饒な母性とともに接しつづけた。ところが幸子さんの人生は、いつもトラブルの連続だった。

「最初の事件は、まだ母が二十代の前半ごろのことでした。当時私は生まれたばかりで、あとで人づてに聞いた話です」

夫と結婚した幸子さんは、ある街に新居をかまえた。

ところが、隣人の男性とうまくいかない。自分も家庭を持つ隣家の男は、当時五十代なかばだったという。

トラブルは、夫婦の新居を新築中のときから起きた。

やれ工事の騒音がやかましいだの、ゴミが敷地に入ってきただのと、隣家の男はなにかにつけて文句を言い、幸子さんと夫を困らせた。

家が完成してからは、夜遅くまで騒ぎ過ぎだとクレームが入った。

また、久我さんが生まれれば生まれたで、赤ん坊の泣き声がうるさくてかなわんと、すごい剣幕で怒鳴りこんでもきたという。

「命の危険さえ感じたのよって、いつも母は一つ話に語っていました」

当時、夫婦はまだ若かったこともあり、どうしたらいいのかと悩んだ。隣家の主におびえながら、小さくなって暮らす日々を余儀なくされた。

ところが、そんな重苦しい毎日は、突然終わりを迎えた。

男が急死した。

男は建設現場で働いていたのだが、あるとき建築中の建物の高層階から、足をすべらせて転落してしまったのだ。

「その晩、夢枕におばあちゃんが立ったそうです。おばあちゃんって言っても亡くなったのが四十歳のときでしたから、まだ若々しい風貌のままなんですけどね。幸子、もう大丈夫よって私を抱きしめて笑うのよと、母が困惑した顔つきで苦笑していたのを今も忘れられません」

二つ目の事件は、幸子さんが三十代なかばのころに起きた。

久我さんは小学校の高学年になっていた。

柄の悪い、あまりお近づきになりたくないタイプの男性が、妻と娘をともなって隣家に越してきた。

かつて、例の口うるさい男たちが住んでいた家である。

四十代なかばぐらいだったという一家の主は、幸子さんに興味を示した。

妻や娘には気づかれないようふるまいつつ、幸子さんの行動をこっそりと監視し、二人きりになるチャンスを作っては執拗に口説いた。

実はこの当時、幸子さんは夫（康広さんとしておこう）とうまくいっておらず、久我さんと久我さんの弟の三人だけで暮らす生活を強いられていた。

このエピソードについてはあとで改めて詳述するが、隣家の男はそんな幸子さんの弱みにつけこんだとも言えた。

相談する相手にもこと欠く幸子さんは、連日ともいえる男のアプローチに辟易し、ノイローゼ寸前の状態にまでなった。

すると。

今度はこの男が死んだ。

夏の花火大会。観覧席で鑑賞中に、こともあろうに花火が飛んできた。

直撃死だった。

お母さん、もうやめてと顔を覆って泣いていた幸子さんの姿を、久我さんは今でも覚えている。

「そして三人目は、母が五十代になったころ。そのころ母は、ある食品関連会社にパートに出ていたんですが、そんな母の上司に当たる男性でした」

少し前に、幸子さんの働く部門に異動してきたという男性は、今でいうコストカッターだった。

幸子さんと同世代だったが、彼女をはじめとするパートで働く主婦たちを片っ端から首にしようと精力的に動き回った。

もちろん背後には、会社の意があったろう。

だが、にこにことやさしい笑顔をふりまきながら従業員たちの首を次々と切っていくその社員に、幸子さんは恐怖と怒りをおぼえた。

男は死んだ。

不審死だった。

深夜。自宅とはまったく反対方向の、へんぴな山道。

路肩に車を停め、車内で死んでいた。

すぐに警察の捜査が入り、職場にも警察関係者が出入りしたが、結局原因は分からずじまいだったという。

「仏間にこもって、母は何度も般若心経をあげていました。すすり泣く声が、部屋の外まで聞こえてきました」

久我さんはそう言い、重苦しい顔をしてかぶりを振った。

結局、幸子さんのまわりでは、三人の男が死んだ。

若くして命を落とした彼女の母親が、愛する娘を守ろうとして起こした事件だったのか。

だが、その不気味な怪異の大本命は、実はこれらの話の中にはない。

先ほどチラッと話に出てきた、夫の康広さん。

久我さんの父親である彼に関する物語こそが、私を心底ゾッとさせる。

そのころ、幸子さんは三十代なかば。

久我さんと弟さんという二人の子宝にも恵まれて忙しい毎日を送っていたが、家族の内実は円満とはほど遠かった。

康広さんに、愛人ができてしまったのだ。

しかも、浮気などという生やさしい言葉では片づけられない。康広さんと愛人との間には、子供までできた。

「相手も人妻だったので、W不倫ですね。開き直った二人に、一緒になりたいから別れてほしいと言われて、双方の家庭はどちらも崩壊しそうになりました」

康広さんは、旋盤工として工場に勤めていた。

顔立ちの整った二枚目で、独身時代からことのほかモテたという。

「そんな父ですから、いつでも結構浮気三昧だったんですけど、あの女の人には真剣になってしまって。二人で母に土下座までして、別れてくれって頼んだこともありましたよ」

どんなに浮気を重ねても、家に帰ってくるときは必ず左手の薬指に結婚指輪をして戻ってくる人だった。

だが、そのときばかりは指輪もしていなかったことを、なぜだか今でも久我さんは忘れられずにいる。

「母はかなりつらかったと思います。新しく越してきた隣の男とのトラブルもありましたし、ほとほと疲れてしまって……親戚まで巻きこんでの大騒動になりました」

だがやがて、この愛人騒動にも思わぬ形でピリオドが打たれた。

「父が工場で事故に遭ったんです。仕事中に機械に巻きこまれ、左手の薬指を――」

ざっくりと、第一関節まで失った。

康広さんは、罰が当たったと何度も言っていたという。

夢の中に、毎晩のように義母が現れた。義母はそのたび、娘婿に呪詛の言葉を吐きつづけた。

久我さんは毎日のように、先っぽを失った父の指をマッサージしてやった。康広さんの薬指には、しっかりと結婚指輪が戻っていた。

相手の女性は、家庭を失ったという。

手切れ金は、母が払ったはずだと久我さんは言った。康広さんは愛人と別れ、愛人の女性は堕胎した。


「そんなわけで、私はいつだって母には『いい子』なんです。小さいころからずっとそう。だって……怖いじゃないですか、祖母が」

久我さんはそう言って、おかしそうに笑った。

ちなみに彼女の母親は、今も意気軒昂だそうである。

棺桶

東海地方のX県が、大雪に見舞われることは珍しい。

長谷さん（四十代の女性）のお父さんが亡くなったのは、そんな珍事の中だった。長谷さんがまだ二十代のころのことだったという。

「父が亡くなった日からお通夜、葬儀までの三日間、経験したことがないほどの大雪に見舞われました。みんな、父が降らせたんだと話題になったほどです」

長谷さんのお父さんは、雪深い東北某県の生まれ。

ほとんど雪など積もることのないX県が、ほんの少しの積雪で、毎回お約束のように交通麻痺を起こすことにいつも文句を言っていた。

「でも、そんな大雪のおかげで、父にとっては本当にたいせつなかたたちだけに来ていただけた葬儀になりました。とはいえ、お葬式ではとても不思議なことがあったんです……」

長谷さんのお父さんの出棺もまた、大雪の中だった。

ところが、大人の男性八人で棺をかつごうとしても重くて持ちあがらない。

「父は小柄で、体重もずっと五十三キロぐらいしかありませんでした。亡くなる前はさらにやせ細っていたので、五十キロもなかったんじゃないでしょうか」

それなのに、どういうわけか棺桶は超重量級。とてもではないが動かない。しかも長谷さんの母親である慶子さん（七十代の女性）は葬儀を執りおこなった僧侶に、

――どうしたらいいんでしょう。夫がそこにいます。

オロオロしながら会場内の一隅を指さして訴え、長谷さんをさらにあわてさせた。

「私も弟も霊感とは無縁なんですが、両親はどちらも霊感が強くって。母親も、父が亡くなってからずっと一人で『お父さん、ちゃんとあの世に行けるかしら』なんて言って心配していたんです。だからそうした不測の事態も、もしかしたら母は予期していたのかも知れません」

だが、夫がそこにいると訴えられても、お坊様だって困るのではないかと長谷さんは心配になった。

ところが僧侶もまた、父親の霊の存在を同じように察していたらしい。

「その結果、なんと出棺が中断され、お坊様と母親以外、葬儀会場の外に出されました。そしてお坊様は、なんでも特別なお経というものをあげてくださり、母はお坊様の読経の間に、そこにいた父を必死になって説得しつづけたそうです」

二十分ほどのち。

ようやく会場の扉が開き、僧侶が会葬者を場内に請じ入れた。

男たちがふたたび棺桶を持とうとすると、今度は簡単に持ちあがったという。

降る雪はさらに激しさを増し、視界さえかすむほどだった。そんな大雪の中、長谷さんのお父さんの遺体はやっと火葬場へ出発した。

「不思議なことは、火葬場でも起こりました。火葬の担当のかたがわざわざ私たち遺族のところにまでやって来て『お父さま、この世にとってても未練があるようですね。やり残したことが、まだあるんだっておっしゃっていますよ』と言うんです」

父親のそこまでの心残りの理由は、その時点ではまったく分からなかった。だが、彼がいったいなにを案じていたのかは、それから半年後にはっきりする。

「私が原因不明の奇病にかかり、半年もの間、全身麻痺になって長期入院を強いられることになったんです。そんな重病人が出たら、家族だってそれまでどおりにはいきません。母は私に付き添ってずっと病院暮らしをしなければならなくなりましたし、弟だって何度も会社を休んで、私を看病したり家の雑事をこなしたりする大変な日々がはじまりました」

母親の慶子さんの夢枕には毎晩のように亡き夫が現れ、「娘を頼む。大事なときに俺がいなくて申し訳ないな」と泣いて謝ったそうである。

――大丈夫だ、必ず治る。俺がなんとかしてみせる。

長谷さんのお父さんは妻にそう約束しては、涙をぬぐったという。

「父のおかげ、だったのかも知れません。一時はどうなるかって、お医者様でさえ気をもむぐらいだったのに、結局私はほとんど後遺症らしい後遺症もなく退院することができました」

長谷さんは明るい笑顔で私に言った。

ちなみに彼女の両親の霊感は、長谷さんのひとり娘に遺伝した。

今は美しい女子高生になったその娘の幼いころの友達は、どこからともなく現れては嬉しそうに相手をしてくれる「ママによく似たじいじ」だったという。

鐘の鳴る夜

大谷さんは、四十七歳の主婦。

大学生の息子さんがどんな仕事に向いているのか適性が知りたいと、私のもとを訪ねてきた。

鑑定が終わると、私たちは雑談に興じた。そして、私が仏像好きで奈良や京都の古仏はもちろん、仏像を拝観するために全国各地を飛び歩いていると知ると、

「実は私の父、A県のお寺の次男なんです。だから、父の実家のお寺にも古い仏像がたくさんあって。でも私としてはそんなことより、そのお寺で怖い体験をしたことが、やっぱり今でも忘れられないんですけどね……」

そう言って、大谷さんは不思議な体験を話してくれた。

大谷さんの父親は、五人兄弟の次男。

彼だけが、自分の家族とともに県外にいた。

そのため、お盆休みに妻や娘を連れて田舎に帰ると、自然に兄弟たちもそれぞれの家族を連れて実家——つまりお寺に集まり、飲めや歌えやとにぎやかな宴が催されたという。

お寺の境内には、古い本堂や薬師堂、檀家の墓地などの他、ご朱印などを受けつける住職一家の庫裏などがあった。

また、境内の一隅には戦没軍人慰霊碑もあり、夏になると多くの花や供物が手向けられ、いつもとは違うにぎわいを見せたりもした。

だが、まだ幼かった大谷さんのいとこたちの関心は、もちろんそんなところにはない。

「いとこは総勢十人だったかな。夏だから、お寺の境内で花火をしたりした後は、お約束のように肝試し。蝋燭一本だけが点いている本堂の中に一人ずつ入って、中をぐるって一周したら、手持ちの蝋燭に火を点けて帰ってこいとか。私はずっと町場の暮らしで、ふだんはお寺の中になんて入ることもないような生活でしたから、それはもう怖くて怖くて……檀家さんの古い位牌とかがたくさんあるし、閻魔様とかお不動様とか怖い形相の仏像もいっぱいあるし、小学生の女の子にはトラウマ級の遊びだったんですよね」

大谷さんは苦笑しながら、当時を振り返った。

「でも……本当に怖いのは、肝試しなんかじゃなかったんです。庫裏は手狭で、とてもみんなが泊まるようなことはできなかったから、誰かはどうしても本堂に泊まらなくてはならなくて……」

大谷さんが本堂に泊まることになったのは、彼女が小学二年生のときだったという。

その夏は、どうしてだったのか理由は忘れたが、大谷さんは父と二人で、田舎のお寺を訪ねたのだった。

広々とした本堂は、外陣と内陣の他、内陣の左右に二つの小さな部屋があった。

片方の部屋には檀家の位牌や仏像などが飾られていたが、もう一つの部屋は、特にこれといってなにもない。

大谷さんと父親は、そこに寝ることになった。

怖い怖いと言いながらも、数時間前まではいとこたちが騒いでいて、とてもにぎやかだった。

だが夜も更けて、父と二人だけになってしまうと、静まりかえったお堂の中の不気味さは、やはり先ほどまでの比ではない。

「しかも、父はお酒に酔いつぶれて高いびきで寝てしまっていますしね。私はなかなか眠れないで、一人で何度も寝がえりを打ちながら、いやだなぁ、いやだなぁなんて思っていたんです」

しかしそれでも、睡魔はやがて訪れてくれた。大谷さんはようやく安堵し、心地よい眠りの世界に落ちていこうとしたという。

ところが、

……ゴーーーーーン。

――えっ。

ギョッとした。

鐘楼の鐘が、突然鳴り響いたのである。

時刻はすでに、深夜もいいところ。こんな時間にどうして鐘がと、大谷さんは眉をひそめた。

鐘が鳴ったのは、一度きりだった。

なんだったの今のはと思いながら、打ち鳴る心臓を必死になだめ、布団の上で丸くなった。

すると。

――ガタン。

今度はすぐそこで不審な音がする。

大谷さんは身をすくめた。

その音には聞きおぼえがあった。建てつけの悪い本堂の扉が、無理矢理開けられる音である。

……誰？

大谷さんの小さな心臓は、またしても激しく脈打ちはじめた。このような夜更けに、いったい誰が本堂になど入ってくるというのだろう。

住職である祖父が、なにか用事でもあって入ってきたのか。

しかしそれにしては、足音が異様である。

トン。

スリッ、スリッ。

トン。

スリッ、スリッ。

不気味な足音は、明らかに祖父とは違った。畳をこするような音だけでなく、なにかで畳をたたくような硬い音まで聞こえてくる。

大谷さんたちが泊まる小さな部屋と外陣は、ぴたりと襖でしきられていた。

だから襖を開けないことには、今、その向こうでなにが起きているのかをたしかめることはできない。

しかも――。

「う……うう、う……」

――ひいい。

「うううう……ううううううう……」

――ひいいいいいいい。

大谷さんは息を飲み、両手で口を覆った。

外陣から内陣へと移動したらしい人物は、なにやら不気味な、泣いてでもいるようなうめき声まで上げている。

「お父さん。起きて、お父さん。なにか、変な人が入ってきた――私は必死で、父を揺さぶりました。でも、父はまったく起きてくれません」

パニックになった大谷さんは、もうどうしていいか分からなかったという。

すると、内陣のほうから聞こえていたうめき声が、

「うう……ううう……」

気づけばこちらに、ゆっくりと近づいてきているではないか。

トン。

スリッ、スリッ。

トン。
スリッ、スリッ。
なにかが畳をたたき、こする音が、じわり、じわりと迫ってくる。
——た、助けて。
大谷さんは悲鳴を上げそうになった。
しかしなぜだか、悲鳴など上げては絶対にいけないとも強く思う。
薄い毛布を頭までかぶった。
身体がふるえ、自分でもどうしようもなくなっている。
……ガタガタ。
——きゃあああ。
派手な音を立てて、襖が揺れた。
不気味にうめくその人が、襖を開けようとしているとしか思えなかった。
——来ないで。こっちに来ないで！
ブルブルとふるえながら、大谷さんは毛布の中で今にも叫びだしそうだった。
……ガタガタ。ガタガタガタ。
——いやあああ。

襖を開けようとするその音は、さらに激しさを増した。だがどういうわけか、ちっとも襖は開こうとしない。

――もう耐えられない。

大谷さんは泣きだしそうになった。

もう少しでおしっこさえ、漏らしそうなほどだったという。

すると――。

「突然、父親がガバッと起きたんです。あわてた様子で、私を包みこむように寄りそってくれました。『大丈夫。大丈夫』って、何度もそっと囁いてくれて。私、父親に抱きついて、とうとう泣きだしてしまいました」

父に抱きしめてもらえたことで、ようやく大谷さんはホッとした。

身も蓋もなく泣きじゃくりつづけていると、いつしか襖を揺らす音は途絶え、あたりには静寂《せいじゃく》が戻っていたという。

「あとで聞いたら、私の父も幼いころ、その部屋で不思議な体験をしたことがあったらしいんです」

大谷さんはそう説明してくれた。

父親が小さかった時分、住職の祖父とその部屋で寝ていたら、やはり鐘楼の鐘が鳴り、しばらくして本堂の扉がすっと開いた。

少年だった父親は驚き、襖を開けて覗いたが、外陣にも内陣にも、人の姿は見えなかった。

しかしそれでも、人が歩く音、畳をこする音はまちがいなくしたのだという。

すると、そのことに気づいた祖父も起きた。

そして「今、霊が来ているから静かにな」と囁いて、そっと襖を閉めたという。

「なにがあっても、自分たちが寝泊まりする部屋までは霊が入って来られないよう、祖父が結界を張ってくれているからとも聞きました。つまり逆の言いかたをすれば、うちの祖父、外陣と内陣には、外から霊が入ってきても一向にかまわないと、鷹揚にかまえていたということですよね」

じゃあ、その晩入ってきた霊は、いったいどんな霊だったんですかね——。

大谷さんの話に引きこまれた私は、自分の顔が引きつっているのを感じながら彼女に聞いた。

それに対する大谷さんの答えはこうだった。

「戦争で亡くなった軍人さんだったんじゃないかなって、父は言っていました。もちろんなんの確証もありません。ただ、父は松葉杖を突き、足を引きずりながら歩いている、傷痍軍人さんの姿をイメージしたみたいで……」

ちなみにその夜は、八月十五日だった。

終戦記念日の、忘れられない思い出だという。

落武者

「熊野古道で気持ちの悪い体験をしたことがあるんだけど」

そんな話を聞かせてくれたのは、占いを通じて縁ができた山田さんという四十代の女性である。

世界遺産にもなっている熊野に、一度は訪れたいとかねてより思っていたのだという。

そんな山田さんが、念願かなってあこがれの地に降りたのは五年前のことだった。

熊野三山と呼ばれる三つの神社に詣でるのも夢だったが、テレビや雑誌で見てその雰囲気に魅了され、熊野を訪れることがあったらぜひとも歩いてみたいと思っていたのが、熊野三山に通じる参詣道——熊野古道である。

熊野古道は、樹齢八百年を超す大樹などの豊かな自然や、江戸時代に敷かれたという古い石畳などが、この場所ならではの情緒と神秘性を醸しだす観光スポット。

山田さんは仲のいい女友達と二人で、さっそく三山巡りを開始した。

「那智の滝に向かって車で山道を登っていたの。そうしたら、さっそく古道の入口を見つけて、ちょっと歩いてみましょうよってことになったのね」

山田さんと友人は駐車場に車を止め、熊野古道に足を踏み入れた。

テレビなどで見ていた通り、古道はミステリアスな雰囲気をたたえた、敬虔な聖地の趣きたっぷりの場所だった。

「自分たちだって観光客のくせに、物見遊山な人たちでごったがえしていたらいやねなんて思っていたんだけど、そんなに人もいなくって、すごくいい感じだったの」

歩きはじめた古道は、高い樹木に囲まれているせいでいささか薄暗かった。

しかし、木々の静寂《しじま》を縫うように射しこむ太陽光が、線の雨になって地表に降り注いだりしている。

なんとも幻想的なその風景に、山田さんは友人と二人、かまえたカメラで次々とシャッターを切った。

しかも、そんな古道のムーディさをさらに高めてくれるのが、平安時代の衣装を身に纏った人々だ。

「参道には衣装を借りられるお店があって、レンタルした平安装束を着た若いカップルなんかが、仲よく歩いていたの。それも結構素敵だったのよ」

二十代らしい若い女性は、いわゆる壺装束《つぼしょうぞく》姿。

平安時代、公家の女性が外出するときに身につけた装束で、市女笠《いちめがさ》やむしの垂衣《たれぎぬ》といったかぶり物が、タイムトラベルでもしてきたかのような雅やかな雰囲気をただよわせていた。

また、男性のほうも公家の狩衣《かりぎぬ》姿で、こちらも上品な平安ムードをまき散らしている。

「素敵ねぇ、素敵ねぇ、なんてはしゃぎながら、写真を撮って奥まで進んでいったの。でも気がついたら一人でズンズン来ちゃったらしくって、友達の姿も見えなくなっちゃって……」

あれ、と思った山田さんは、今来た道を引きかえそうとした。

くるりとあわててきびすを返す。

すると。

——えっ。

鬱蒼として薄暗い、古道の少し遠く。

光の雨に打たれながら、一人の男が立っていた。

山田さんは眉をひそめた。

あの人も、レンタル衣装を着ているのだろうか。

なにやら妙な装束だ。

戦のさなかの武士のような甲冑姿。

だがなによりも印象的なのは、頭のてっぺんはつるつるなのに、ざんばら髪になった長い毛が、乱れたままクシャクシャになって肩まで届いている眺めである。

しかも、瞳を凝らしてよく見れば。

——刀？

戦から抜けだしてきたようなコスプレ姿のその男は、ご丁寧に刀まで片手に握りしめている。

その上、全身からただよっているのは——。

殺気。

どす黒い憤怒。

——違う。あの人、コスプレなんかじゃない！

山田さんの脳裏を、ある言葉がよぎった。

落武者。

落武者は、ギロリと山田さんを睨みつけた。

——えっ。えっ、えっ、えっ⁉

片手に刀を握りしめたまま、落武者はゆっくりとこちらに近づきだす。

その歩きかたは、やがて速さを増した。

——ええええっ？

気づけば落武者は奇声を上げている。両手で刀をふりかぶり、恐ろしい速さで山田さんめがけて駆けてくる。

「私、『きゃあああ』って本気で叫んじゃって。古道の奥へとパニックになって、一人でバタバタ駆けだしたの。でも走りながら振り返ったら——」

落武者はすぐうしろにいた。

口のまわりに無精髭を生やし、落ちくぼんだ目には狂気が滲みだしている。

山田さんは足元をもつれさせ、剥きだしの地面に転倒した。

身体の痛みに堪えながら、

——殺さないで！

あわててうしろを振り返り、引きつった声で哀訴する。

だが、落武者は無慈悲だった。

眼窩から目玉が飛びだすのではないかと思うほど、両目をくわっと見開いている。両手

に握った刀をふりあげ、不気味な叫び声を上げながら、

「思いきり切りつけてきたの。私、ざっくりと右目を斬られたような感じがしたんです」

山田さんは悲鳴を上げ、両手で右目を押さえた。焼けるような感触をそこに感じたという。

信じられない展開に、わなわなと身体がふるえた。

あたりに、静寂が訪れた。

おそるおそる顔を上げると、落武者の姿は、もうどこにもなかった。

「すぐに友達のところに駆けつけて話したら『そんな馬鹿な』って笑われて。よく考えたら、たしかにそんなものいるわけないよなって、私も恥ずかしくなったんだけど……」

熊野から家に戻って数日後。

突然、山田さんの右目に赤い雨が降った。

視界の端を、いくつもの赤い線が上から下へとくりかえし駆けぬけるのに気づいた山田さんは、あわてて眼科を受診した。

「網膜裂孔っていう診断でした」

すぐに病院に来なかったら失明していたかも知れないと医者に言われ、山田さんは背筋

を粟立たせた。

急いでレーザー手術を受け、最悪の事態は回避したという。

「あれって、ほんとに単なる偶然だったのかしらね。そうだって言われても、なにも言いかえせないんだけど……」

山田さんはそう言って、複雑そうな笑みを浮かべた。

熊野には、二度と行く気はないという。

ケータイ

G県で暮らす浜辺さんとは、ずっとメールでやりとりをした。

怪異を蒐集していることを、かつて私は親しい友人に話したことがある。

久しぶりに連絡のあったその友人から「知人の知人、みたいな人だけど、話してもいいって人が一人いたぞ」と紹介されたのが浜辺さんだった。

「不思議な体験なんてしたことなかったし、そういうこととは死ぬまで縁がないんだろうなって思いながら生きてきました。でも……」

浜辺さんは、今年三十六歳になる主婦だった。彼女の打ち明け話は、そんな困惑したような言葉からはじまった。


今から三年前のこと。

日ごとに暖かさが増し、ようやく桜が咲きはじめた時期だったという。

浜辺さんは塾に出かけている小学生の一人息子と、会社から帰ってくる夫のために、その夕刻もいつものように晩ご飯の準備に追われていた。

そんなとき、ドアホンが鳴った。

浜辺さんたち家族が暮らすマンションはオートロック方式。

訪問者は一階エントランスの自動ドア横にあるパネルでドアホンを鳴らし、住人にドアを解錠してもらって建物内に入る仕組みだ。

一階エントランスのドアホンは一回、部屋の前のドアホンからだと二回、チャイムが鳴る。

「そのときは二回鳴ったので、部屋の前に誰かが来ているんだと分かりました。同じマンション内のママ友か、他の部屋の住人にドアを開けてもらってマンションに入り、私たちの家にも荷物を届けにきた宅配便の業者さんか、そんなところだろうと思いました。いつもだいたいそうなので」

浜辺さんは料理の手を止め、あわてて玄関に駆けつけた。

ロックをはずし、ドアを開ける。

するとそこには、思いがけない人物がいた。

「四つ違いの妹です。しかも、ぜいぜいと息を荒らげて。まるで……ここまでずーっと走りつづけてきたみたいに」

すらりとスタイルのいい妹さんは、真結さんと言った。三年前に結婚をし、同じ会社に勤める仲のいい夫と共稼ぎの暮らしをつづけている。

「私、びっくりしてしまって。『どうしたの』って絶句しました。だって、妹はN県で暮らしているんです。高速道路を使って車を飛ばしても、三時間以上はかかる距離です」

そんな妹が、連絡もせずいきなり訪ねてきたのである。

それだけでも驚きだったが、浜辺さんは明らかに尋常ではない真結さんの様子に、さらに眉をひそめた。

「必死に呼吸を整えながら、何度もキョロキョロと周囲を気にして。いつもしっかりとメイクをしたりお洒落に気を使ったりしている子なのに、髪は乱れているは、化粧もちょっとくずれているは、なんというのか……ふつうじゃないんです」

浜辺さんは動転したものの「とにかくあがって」と真結さんを中に請じ入れようとした。

だが真結さんはおびえた顔でかぶりを振り「すぐ行かなきゃならないから」と言う。

「すぐ行かなきゃって……そんなせわしない状況で訪ねてくるような距離ではないので、私はとまどいました。けれど妹は、そんなことにはおかまいなしで『お姉ちゃん。預かってほしいものがあるの』って言うんです」

薄気味悪く思いながら、浜辺さんは「なに？」と聞いた。

するとと真結さんは、

——私のケータイ。お姉ちゃん、絶対誰にも渡さないで。お姉ちゃんにも、できればあまり見てほしくない。

そう言って、彼女のものらしいスマートフォンを浜辺さんに突きだした。

「どういうことって、聞きたくなるのがふつうじゃないですか。もちろん私も聞きました。でも妹は『とにかくお願い。信じてるから』と言って、あわてた様子で帰ろうとするんです」

浜辺さんは、説明ぐらいしてほしいと真結さんに求めた。

しかし真結さんは「時間がない」の一点張り。信じられないことに、浜辺さんにスマホを押しつけると、本当にそのまま帰ってしまった。

なんなのいったいと浜辺さんはいぶかった。

そして、預かったケータイをリビングルームのサイドボードにしまいながら、ようやく「あの子、どうやってマンションに入ったんだろう……」と気づいたという。

「住人とか、マンションに入っていく誰かと一緒に建物の中に入る方法は、たしかにあります。だからそういう形で入ってきたのかも知れない。でも……やっぱりなんだか変な気がしてならなかったんです」

しかし、多忙な浜辺さんが真結さんとの不可解な出来事だけに関わっていることはできなかった。

小学生の息子が戻り、食事の世話に忙殺される。それから一時間もすると、今度は夫が帰ってきて、浜辺さんは休む間もなく彼の世話にも追われた。

「ようやく一段落して、夫と夕飯を食べる時間が来ました。誰かに話したくてたまらなかった私は、仕事で疲れて帰ってきている夫に、夕方の一件を話そうとしました」

論より証拠とばかりに、浜辺さんはリビングに向かい、真結さんが置いていったケータイをサイドボードから取りだそうとした。

そんなとき、突然スマホにコール音がした。

誰だろうと思いながら電話に出ると、真結さんの夫からである。

「つい数時間前に、妹がきたタイミングじゃないですか。私は当然、そのことを話題にしそうになりました」

ところが――。

そんな浜辺さんに、電話の向こうで真結さんの夫は声をふるわせた。

――驚かないでくださいね、お義姉さん。

そして義弟は、思いもよらないことを告げた。

真結さんは死んでいた。

自殺だった。

今日の午後、自宅からとんでもなく離れた場所にある閑散とした踏切で、電車に飛びこみ命を絶ったという。

今日の午後——正確には何時ごろだったのか。そう尋ねると、一時半ぐらいだったらしいと妹の夫は答えた。

浜辺さんはパニックになりながら、今夕の記憶を蘇らせた。

真結さんが訪ねてきたのは、多分五時ぐらい。いや待て「訪ねてきた」——訪ねて来られるわけがないではないか！

「信じられない展開に言葉を失いました。なんだか変だなと思ったらしい夫が『どうした』と近づいてきましたが、それにも答えられません。すると電話の向こうで、義理の弟が『お義姉さん、なにか聞いていましたか真結から』と言うのです」

浜辺さんは「え？」と聞きかえした。

——真結の不倫のことです。

義弟は低い声で言う。

初耳だった。

真結さんとは時々チャットアプリでやりとりをするほか、ときには電話で会話も交わしていたが、そんなことはひと言も聞いていない。

義弟が妻の不貞に気づいたのは、二か月ほど前のことだったという。不信感をおぼえた彼は、探偵まで雇って妻の行動をたしかめた。

その結果、言い逃れのできない真結さんの裏切りが白日のもとにさらされた。

信じられないことに、真結さんはマッチングアプリで知り合った男性と抜きさしならない関係になっていた。

しかも、驚くことに相手は一人ではなかった。

関係を持った相手はいずれも年下の男性で、分かっただけでも三人。二人は妻帯者だったが、残る一人は現役の大学生だった。

「予想もできなかった事態に、義弟もびっくりしたんでしょうね。昨日の夜、とうとう妹と話しあいにおよんだそうです。かなりすさまじいやりとりになったようでした。義弟は離婚を前提にして妹を罵ったようで、浮気相手にも損害賠償を請求すると言われた妹は、かなり取り乱したみたいです」

そしてその翌日、事態は最悪の形で終わりを迎えた。

体調不良を理由にして会社を早退した妻と、変わり果てた形で義弟は対面を果たしたという。

「耳を疑う話の連続に、はっきり言って私もパニックになっていました。頭の中にはいろいろなことが渦巻いて……。妹が浮気をしていた。何人もの若い男性と。そしてその結果、自ら死を選んでこの世にはもういない……」

だが、そんな風に千々に乱れる浜辺さんの脳裏で、やはりひときわ異様な重苦しさを増したのは、つい数時間前に遭遇した怪異な出来事だ。

——おい、なんなんだ。詳しく話してくれよ。

電話を切っても、浜辺さんは呆然と立ち尽くした。

なにが起きたのか、電話口での妻の切れ切れの言葉から推測するしかなかった夫は、じれた様子で彼女にたしかめようとした。

しかし、浜辺さんはもう夫どころではない。

リビングに飛びこんだ。サイドボードに駆けよると、真結さんのスマホがあるはずの引きだしを開けた。

ない。

たしかにそこに入れたはずなのに、ケータイは忽然と消えていた。

「たしかに覚えているんです。妹からスマホを渡されたときの、ちょっと汗ばんだねっとりとした感触と温かさ。そして固さ。玄関で話をした妹も、幽霊だとかなんだとか、絶対にそんな感じじゃありませんでした」

でも、やはり幽霊だったんでしょうけどねと、浜辺さんは言った。

私はそんな浜辺さんに、

――妹さんは、どうしてお姉さんのところにまで現れて、自分のケータイを預かってもらおうなんて思ったんでしょう。

素朴な疑問をぶつけてみた。

こう言ってはなんだが、死ぬまで秘匿しなければならなかっただろう隠しごとは、とっくに暴かれてしまっている。

ケータイにさまざまな情報が残っているだろうことはまちがいないものの、幽霊になってまでそれを姉にたくそうとする妹さんの真意が分からなかった。

「私にも分かりません」

私の質問に、浜辺さんは答えた。

「ただ……義弟が知ってしまった以上のなにかが、まだそこにはあったのかも知れませんね。恐ろしいなにかが」

もしかしたら、思いのほかいっぱい……浜辺さんはそう言った。

近親者だけでおこなわれた妹さんの通夜の席で、浜辺さんはさりげなく、真結さんのケータイについて義弟に聞いてみた。

すると義弟は、

——そう言えばと思って探してみたんですが、家にはありませんでした。遺留品の中にもありませんでしたし、自分でも踏切のまわりとか、時間が許す限り見て回ったんですが……。

不審そうに首をかしげたという。

妹さんのケータイは、結局それっきり、行方知れずだそうである。

怨霊

名前は、藍子さんとしておこう。

藍子さんは、祈祷師兼占い師。

その特異な能力を頼って、たくさんの相談者が彼女のもとを訪れている。

「私のところにいらっしゃるお客様は『重い』かたが多いんです。だからそのたび、私もあちこち体調をくずしながら、必死になって問題を解決しているんですよ」

藍子さんは自虐的に笑い、怖い話を所望する私に、こんな話を聞かせてくれた。

「Aさんという四十代の女のかたから相談がありました。家に幽霊が出没するというんです」


Aさんは四十代のシングルマザー。

五歳と三歳になる、可愛いさかりの息子二人と暮らしている。

家はマンションの四階にあった。

このところ、Aさんはなぜだか調子が悪い。だがそれ以上に、息子たちの様子が変だった。

二人の幼い兄弟以外、誰もいないはずの四階の部屋。

あわただしく夕飯の買い物をすませてAさんが帰ってくると、息子たちがやけに興奮している。

「Aさんは、どうしたのと二人に聞いたそうです。そうしたら息子さんたち、とっても嬉しそうに『おじさんとお兄ちゃんが遊びに来てたの。ママが帰ってきたら、あわてて帰っちゃった』と言ったんですって」

部屋には、幼い兄弟以外誰もいなかった。

玄関ドアにはしっかりと鍵をかけて出かけたし、部屋は四階にある。

マンションにエレベーターはない。階段は一つきり。しかしAさんは、家に帰ってくるまで誰にも会わなかった。

「Aさんは奇妙に思いながら、二人の息子さんに男たちの風体を聞いたそうです」

すると「おじさん」という男は四十歳ぐらい。口数が少なく、ずっとニコニコしているという。

また「お兄ちゃん」というのはどうもその男の息子らしく、陽気で快活。十五歳ぐらいに見えたようだが、幼い二人とふざけあってはキャッキャとはしゃぎ、Aさんが帰ってきたと見るや急いで別れを告げ、父親と一緒に帰っていったようだ。

それが、この後半年以上にわたってつづく、長い怪異のはじまりだった。

謎の親子はそれからも頻繁に兄弟のもとを訪れては、彼らと遊ぶことをくりかえした。いずれもAさんが不在のときである。彼女の留守を狙いすましたかのように、親子は部屋に現れた。

もちろんいつだって、玄関ドアには鍵をかけている。

謎の親子は、Aさんが帰宅するとかき消えるようにいなくなり、残された兄弟はその後、いつも決まって激しく興奮しつづけた。

ちょっと尋常ではないほどに。

「どうしよう、幽霊に違いないとAさんは恐怖におののいたようなんです。どうしてそんな霊が息子たちのもとに現れるのか、もちろん分からない。ただ、子供たちがとても幸せそうに霊と遊び、別れたあとはいつも決まっておかしくなるんで、無性にいやな予感がしたそうなんですね」

藍子さんには、霊と話ができる能力がある。子供のころから神に与えられている、特異な力だ。

だがその時点では、霊を呼びだしたくても、そのために必要なデータがあまりに少なかった。謎の親子とコンタクトを取るにはもう少し情報が必要だった。藍子さんはなんとかして霊の親子のことを知ろうとした。

ところが、この問題は突然宙ぶらりんになってしまう。依頼人であるAさんに新たな問題が降りかかったのだ。

「実家の弟さん。つまりAさんの本家であるX家の跡取り息子が、行方不明になってしまったんです。それは本当に突然の失踪で、どこに行ったのか手がかりはなにもないといいます」

藍子さんのもとにAさんがそう相談をしてきたのは、実家の弟が行方不明になってから三日後だった。

聞けば弟はしばらく前から会社も休んでおり、長いこと「身体がだるい」だの「働く気がしない」だのとさかんに周囲に訴えていたという。

「先生、どこにいるか分かりませんかと聞かれたので、私の力を使って探してみました。ところが生体反応がなかったんです。これは大変なことになるかも知れないと思いました」

藍子さんによれば、その人の名前を聞いたときに生体反応が感じられれば、まちがいなく生きているのだという。

ところがそのときは、なにも感じることができなかった。だが、人の生き死には決して気やすく伝えてはならないと師匠からきつく戒められている。

「だから、もう少しがんばって探してみましょうと言うしかなかったんです。でも、結局弟さんは、なかなか見つかりませんでした」

ようやく事態が動いたのは、謎の失踪から半年経ってからだった。

Aさんの実家の近くにある小山。

そこに、弟さんはいた。

キノコ狩りをしようと、偶然森の奥に足を踏み入れた夫婦がいた。その夫婦は、ロープがぶら下がる大樹の下にあった人骨を発見した。

あわてた夫婦はすぐに警察に通報した。そして警察の捜査の結果、その人骨は失踪届が出されていた弟さんのものだと断定された。

「その場所で首をくくったんでしょうね。そして半年以上雨ざらしになり、腐敗も終わって白骨になっていた。警察は事件の可能性も考慮して捜査に当たったようですが、最終的には事件性なしという結論に至りました」

Aさんの弟は結婚が決まっており、幸せな日々の中でバリバリと精力的に働いていた。決して自殺を考えるような人でもなければ、なにか思い当たるようなトラブルがあったわけでもない。

それなのにどうしてと、Aさんは思い悩み、苦しんだ。

弟が失踪してからその遺体が見つかるまでの半年の間にも、謎の幽霊たちは相変わらず幼い子供たちのもとに現れていた。

そしていつからか、子供たちは男と少年にただ昂ぶるだけでなく、彼らが去ると決まってひどい高熱まで出すようになっていた。

Aさんはそのことを気にしつつも失踪した弟を案じ、その行方を追うことに精力をかたむけて落ちつかない日々を送りつづけたという。

実家であるX家には老いた母がいたが、息子の失踪以来、その老母が精神を病むようになっていたことも大きかった。

だが結果は、藍子さんが心配した通り最悪の結果に終わった。

「どうして弟は死ななければならなかったのか、どうしても理由が知りたいとAさんは改めて私を訪ねてきました。そこで私は、お亡くなりになった弟さんの霊を口寄せで呼びだすことにしたんです」

口寄せ——霊能者が自分の肉体を使って霊を降臨・憑依させ、霊の代わりにその言葉を語る術をそう呼ぶ。

藍子さんはその術を使った。

するとAさんの弟は、藍子さんの身体を借りてAさんのもとにやって来た。その結果、藍子さんとAさんは驚くべき事実を知ることとなったのである。

「弟さんを自殺場所の山に連れていったのは、例の二人の幽霊……お父さんと十五歳ぐらいの息子でした。どうして逆らわなかったのかと聞いても、弟さんの記憶はとぎれとぎれで『自分にもさっぱり分からない』と言うんです」

Aさんの弟は、どうやって二人の霊と知り合ったのか。

どうやってロープを調達し、どうやって山奥まで行き、自分の首にかけようとしたのか……。

すべてが曖昧模糊としているとAさんの弟は言ったという。

「なんで自分が死ななくてはならないのかも、まったく分からなかったと弟さんは言いました。自分の首にロープが回る瞬間、ようやくハッと我に返ったんだけれど、もう遅い。ああ僕は死ぬんだ、と思いながら首をくくったそうです」

すべては、Aさんの部屋を訪れる不気味な霊たちのみちびきによるものだった。

ではその二人の霊は、いったいなにものなのか。

それを問いかけても、残念ながらAさんの弟にも分からない。

思わぬところで、またも幽霊たちとの接点が生まれたことに驚きながらも、とにかくその日Aさんは藍子さんのもとを去った。

そして、後日。

弟が荼毘に付されると、改めてAさんから電話がかかってきた。

「『どうしてこう同じことがくりかえされるんだろう』って、泣きながら言うんです。かなり精神的にまいっていましたね。それで私、ちょっと奇妙に思って『どういうこと?』と聞いたの。そうしたら、実はAさんのご主人も一年前に自殺していたんだってことが分かったんです」

どうしてもっと早くそのことを言ってくれなかったのかと思いながら、藍子さんはAさんに亡夫のことを聞いた。

Aさんの夫は車の中で練炭自殺をした。自殺の舞台となった車中には手書きの遺書があり、

——生きる気力がなくなった。申し訳ないが子供たちを頼む。どうしてこんなことになってしまったのか分からないけれど、きっと僕はこうなる運命だったんだ。

と書かれていたという。

自殺を決行する日まで、Aさんの夫はいつもと変わらない様子で仕事に行っていた。

そしてその日、彼は仕事の帰りに小川のほとりに車を停めて自殺をした。

第一発見者は、新聞配達の青年だった。

「今度はその旦那さんを、口寄せで呼びだしました。そうしたら、やっぱり彼の死にも、親子の霊が関係していたんです」

藍子さんは重苦しい口調で私にそう話した。

Aさんの夫が語った話はこうだ。

自殺をする一週間ほど前から、父と息子の不気味な霊が突然彼の前に現れるようになった。

二人の霊はAさんの夫に「可愛い息子たちが病気になって死ぬかも知れない」「このままでは子供の命はない」とさかんに言った。

誰かが代わりに死ねば子供たちは助かる——Aさんの夫は霊たちに言われ、「それじゃ僕が死ねば息子たちは助かるのか」と聞いたらしい。

すると霊は「そうだ。助かる」と言ったという。

「だから、Aさんの旦那さんは自ら命を絶つ道を選び、それを実行に移したんです」

それが事実だとしたら、なんともいたましくむごい話である。

でもそれならば、やはりどうしたって親子の霊の話を聞かなければならないと藍子さんは思った。

「どうしてこんなことをするのか。いったいなんの恨みがあるのか。それが分からなければ、Aさんだって到底納得できません。だから私は、二人の息子さんが霊の親子と遊んでいるときがチャンスですとAさんに言ったんです。そのときにどうか電話をくださいと。大変かも知れないけれど、なんとかその機会を見つけてほしいと」

Aさんは藍子さんの言葉に従い、やっとの思いで貴重な機会をものにした。

今、息子たちのところに霊が来ているようですと、ある日藍子さんのもとにAさんから緊急の電話が入った。

霊とコンタクトを取るなら今しかない――藍子さんはすぐにテレポーテーション（瞬間移動。肉体はともなわない）をし、駆けつけた。

そしてようやく、二人の霊と対面を果たした。

「あなたたち、どうしてこの二人の子の父親や叔父を奪うようなひどいことをしたのと、霊の親子に問いかけました、そうしたら、霊たちは素直に話をしてくれた。でも彼らの話は、正直驚くような内容でした」

なんと親子の霊は、Aさんとその弟の家族——X家に強い恨みを持って死んでいった者たちだった。

彼ら一族の怨念の物語は、明治の時代へと遡る。

その当時、Aさんの先祖は高利貸しを営んでいた。彼らは相当あこぎなやりかたで財を築き、我が世の春を謳歌していた。

霊の二人——Z家としておこう。

Z家は、X家に金を借りたことで大きく人生を狂わせた一族だった。

どんなに苦労をして借金を返そうとしても、利子が高すぎてなかなか返済額が減らない。

そう訴えるZ家の当主に、Aさんの先祖は「だったら女房を赤線で働かせろ」と命じ、残酷なことに、自ら動いてその通りにさせたという。

赤線とは、一九五八年に売春防止法が施行されるまでの間、ほとんど公認状態で売春がおこなわれていた地域である。正確には赤線地域などという。

つまりX家はZ家の当主から妻を、そしてその息子からは母親を奪う形で女を赤線に沈め、彼女の稼ぎのほとんどを借金の返済金として吸いあげたのだった。

妻を、母親を、とんでもない形で奪われた上、彼女がどんなに働いても、その給金はほとんど自分たちには入ってこない。

残された父と息子の生活は困窮をきわめた。貧しく無残な生活が祟り、やがて父親は病気になる。だが、診療所で薬を買う金すら彼らにはなかった。

薬どころか、食べるものも買うことができない。

父親はX家を恨み、苦界に沈められた妻に泣いて詫びを乞いながら死んでいった。

そんな父親の後を追うように、十五歳の息子も飢えに負けて落命した。

――X家を末代まで呪ってやる。呪って呪って、みんな呪い殺してやる。

哀れな息子は鬼のような形相でそう言いながら死んでいったという。

「つまりAさんの旦那さんは、正確にいえばX家の人間ではないにもかかわらず、巻き添えを食って亡くなってしまったんですね。殺すなら私を殺せばよかったのにと、Aさんは可哀想になるぐらい取り乱して泣きました」

しかし、涙に暮れている場合ではなかった。

危機は依然として目の前にある。

Aさんの夫、Aさんの弟につづいて、親子の霊はじわじわとAさんの息子たちにも牙を剥こうとしていた。

「この子たちを殺したら、あなたたちはもっと深い地獄に落ちてしまうと、私は必死になって説得しました。私が深く信仰している仏様たちの力をお借りし、そのご加護をもらってなんとか成仏させてあげるから、もうここでおやめなさいと長い時間をかけて話をしました。するとようやく、二人の親子も承諾してくれたんです」

霊たちの怨念を鎮め、天界に昇らせるための藍子さんの壮絶な祈祷は、実に十一日間にもおよんだ。

連日にわたって花と水を手向けながらの、いつ終わるともなく延々とつづく白熱の祈り。その甲斐あって、ようやく霊たちは天へと上がった。

しかしそれでも、まだなおさらに四日間。藍子さんはひたすら読経をつづけ、ようやくそののち、霊たちが完全に消えたことを確信したという。

それ以来もう二度と、Aさんの子供たちは親子の霊を見ていない。

原因不明の高熱を出すこともなく、不気味な霊につきまとわれた日々が嘘のように、明るく元気な日々を過ごしているという。

そして、長いことずっと調子が悪かったAさんも、憑き物が落ちたかのように以前の健康を取り戻した。

長く怪奇なエピソードを披露してくれた藍子さんは、最後に私にこう言った。

「その親子の霊……お父さんより息子のほうがとても怨念が強く、霊としては手強かったんです。話を聞けば無理もありませんし、相当な恨みを持ってX家に襲いかかってきていました」

でもね、と藍子さんは言った。

「そんな少年の霊でも、やっぱり五歳と三歳の男の子を手にかけることには、だんだんためらいが出てきていたんだそうです。お兄ちゃん、お兄ちゃんと無邪気にまつわりついてくる二人に、いつしか情が湧くようになっていったと言っていました」

だから、私の説得にも大人しく耳をかたむけてくれたのかも知れませんね——。

藍子さんは複雑そうな、鎮魂の笑顔とともに私に言った。

戻れ。戻れ。伊吹、戻れ

伊吹さんには電話で話を聞いた。

「もうずいぶん昔の話ですよ。十五年……いや、十六年前か」

数年前に不惑を迎えた伊吹さんは、メールで鑑定を依頼してきたお客さんだ。

父一人、娘一人の、いわゆる父子家庭。

ロウティーンという多感な時期を迎えていろいろと変わってきたという娘さんの扱いに苦慮し、私に助言を求めてきた。

そして、鑑定結果をやりとりしながらいろいろと雑談をしている内に、怪談を集めているという私の話に反応してくれた。古い友人との出来事を思いだし、メールは面倒だから電話でなら話してもいいということになったのである。

「大学時代の悪友に長谷部という奴がいましてね。こいつがとんでもないプレイボーイだったんですよ」

伊吹さんはそう言って、私に話しはじめた。

ちなみにその長谷部さんという友人は、すでに鬼籍に入っている。

「お互い、社会人になってから数年目のことでした。たしか五月……週末だったと思うんですけど、二人でドライブに出かけたんです」

二人は、山間の温泉地にある日帰り温泉を利用しながらうまいものでも食べてこようと、高速道路を使って現地に出向いた。

天気に恵まれた、暑いぐらいの一日。当時は二人とも独身で、伊吹さんには恋人もいなかったが、一方の長谷部さんは二股どころか三股、四股交際で、複数の女性を天秤にかけてもてあそぶような暮らしをしていた。

「なにしろ、午前中にAさんとラブホテルにしけこんだと思ったら、午後にはBさんとデート。夜はCさんのアパートに泊まりにいくようなことまでしていましたからね。学生時代からモテる奴ではあったんですけど、あのころは一番ひどかった。Bさんなんて人妻だったんですけど、旦那と別れて長谷部と一緒になりたいとまで言いだしてしまったぐらいでしたから」

男二人の気ままなドライブは、自然に長谷部さんの女自慢になった。

ハンドルを握る伊吹さんを相手に、あけすけなまでに「Aは真面目そうに見えて、実は……」だの「Bは……」「Cは……」だのと、聞いているこちらが赤面してしまうような暴露話に興じたという。

「あともう十分ぐらいで、日帰り温泉の宿に着くというころだったと思います。山の中腹にあるゴールをめざして、右へ左へと蛇行する急勾配の坂道をどんどん上がっていきました」

するると、坂道の行く手に誰かがうずくまっている。

二人して「なんだ？」と目を凝らしたところ、ワンピースを着た女の子のようだ。

「小学校入学前という感じの幼い女の子でした。黄色っぽいワンピースを着た黒髪の子で、髪は長くて背中まであった。そんな子が、道端にうずくまってこちらに背を向けているんです」

どうしたんだろう。伊吹さんと長谷部さんはいぶかった。女の子のまわりに連れらしき大人はおらず、一人で屈みこんでいる。

ちょっと止めろよと、伊吹さんは言われた。長谷部さんはどこか嬉々とした様子で、フロントガラス越しにワンピースの女の子を見つめている。

「男の子だったら、長谷部も『止まれ』とまでは言わなかったかも知れませんね。とにかくそれぐらい女好き。私は少しあきれながら、かと言って女の子のことも放っておけず、言われた通りにしました」

伊吹さんは女の子の脇を減速しながら通過し、その少し先——やや道幅が広くなっていた場所に車を寄せて停車した。

少女がしゃがみこんでいる場所からは、五、六十メートルぐらい離れていたかも知れないという。

長谷部さんは「しょうがねぇなぁ」などとため息をついてみせた。そしてその言葉とは裏腹な陽気さで鼻歌交じりに車を降りると、少女のもとに走っていく。

「私はバックミラー越しに様子を見ていました。女の子の姿は、駆けよっていく長谷部に遮られてよく分かりません。そんな彼女に近づいた長谷部が、なにか声をかけているうしろ姿が見えました」

長谷部さんは少女のかたわらにしゃがみこみ、心配した様子でさらにひと言、二言、話しかけていた。

伊吹さんは少女を心配しながらも、明らかにノリノリの悪友に「やれやれ……」と苦笑し、バックミラーから視線をはずした。

「たしか、煙草でも吸おうとしたんだと思います。で、もう一度、バックミラーを通じて長谷部たちの様子を見ようとした。そうしたら――」

伊吹さんは眉をひそめた。

長谷部さんがはじかれたように立ちあがり、たじろいだ様子で後ずさる。

異変を感じた。

伊吹さんはうしろを振り返った。リアウインドウ越しに二人を見る。

少女の姿はよく見えなかった。だが、その場にしゃがみこんだままの女の子は長谷部さんを見上げ、なにごとかしゃべっている。

そして、伊吹さんは見た。

「長谷部が『うわあああっ!』と悲鳴を上げたんです。車の中にいても聞こえるほどすさまじい声でした」

いったいなにごとだ。伊吹さんは動転した。火を点けたばかりの煙草をもみ消し、あわてて運転席を飛びだしたという。

すると――。

戻れ。戻れ。伊吹、戻れ。

「大声で叫びながら、長谷部が走ってくるんです。狂ったように片手を振り、早く早くと急かすような真似までして。すごい顔でした。完全にパニックになっていましたね。あんな彼を見たのは初めてでした」

長谷部さんのパニックは、伊吹さんにも伝染した。

大急ぎで運転席に戻る。遅れて長谷部さんも、助手席に飛びこんできた。長谷部さんの顔は恐怖に引きつり、哀れなほど青ざめてもいる。

「『急げ。早く出せ』と狂ったようにわめくんです。私はわけが分からないながらも、こいつはただごとではないと思い、すぐに車を発進させました」

タイヤを軋ませた伊吹さんの車は、見る見るその場から離れた。かたわらでは長谷部さんが荒い息をつき、頭を抱えてふるえている。

そんな友人に、伊吹さんは声をかけることもできなかった。ことのなりゆきに頭がついていかない。

なおもフリーズしたままだった。伊吹さんは、バックミラー越しに背後を見た。

少女が立っていた。

陽炎の中にゆらりと立ち、じっとこちらを見つめている。

その顔が、今度こそ伊吹さんにもはっきりと分かった。もちろん、すでに相当距離はあったが。

「私も『ぎゃあああ!』って叫んだらしいんです。自分では覚えていないんですけど、あとで長谷部から聞きました。そこから先の記憶はありません。気づいたときには迷いこんだ山間の集落に車を停めて、二人でガクガクとふるえていましたね」

もう帰ろう。

そう言ったのが、自分だったのか長谷部さんだったのか覚えていないという。

温泉を楽しむ心の余裕など、もうどこにもなかった。

あの山道を通ったらまた少女に遭遇するのではないかという不安はあったが、それでも二人は来た道を、恐怖にかられて帰途についた。

幸運なことに、少女はもういなかった。

「結局、その後一度も、その日のことを長谷部と話題にしたことはなかったと思います。なんて言うか長いことずっと、話すだけでとんでもなく悪いことが起きるような、そんな気がしていた覚えがありますね」

その日を境に、長谷部さんの人格は一変した。

交際していたすべての女性との関係を清算し、あろうことか、ある新興宗教の教団にまで入って、突然信心深くなった。

だが、それから数年後。

夜明けの始発電車に飛びこんで、長谷部さんは自ら命を絶った。

「長谷部がその子になにを言われたのか、私には分かりません。私が知っている……覚えているのは、バックミラー越しに遠目に見た、あの女の子の顔だけです」

伊吹さんはそう言って、電話の向こうで黙りこくった。


——どんな、顔だったのですか。

薄気味悪く思いながら、私は伊吹さんに尋ねた。

気がつけば、いつしかスマホを握る手が、じっとりと冷たい汗で濡れている。

すると、伊吹さんは「どんな顔……」と重苦しい口調で呟き、またしても黙りこんだ。

そして長い沈黙の後、ようやくこう言ったのである。

「これぐらいにさせてください。ずいぶん時間も経ったし、もう大丈夫だと思って話しましたけど……」

——やっぱりまだ、終わっていなかったみたいです。私の中で。どうしよう。全然終わっていなかったんだな。

伊吹さんはそう言って、電話の向こうで力なく笑った。

その笑い声に、なぜだか私はゾクッとふるえた。

静子

橋田さんは、今年六十歳になる女性。

知り合いの紹介で鑑定をするようになった。

私と同じ関東圏で暮らしている。だが、対面鑑定をするにはいささか距離があった。

そのため私とのやりとりは、自然に電話かＦＡＸになる。

「生まれ変わりってないんですか、先生」

電話の向こうで、橋田さんは私に聞いた。そういうことは専門外なんですと恐縮して言うと、調べてもらいたい生年月日があるという。しかも、二つ。

「私、この二人って、もしかしたら生まれ変わりなんじゃないかって思っているんです。それでね、先生」

橋田さんは声をひそめた。

「この二人、一緒になって、私を不幸にしようとしている気がしてならないの」

なにやらただごとではなかった。私は薄気味悪くなりながらも、二人の生年月日をたしかめた。子細を書くことはひかえるが、その結果は次のようなものだった。

★生年月日1（一九五六年のある日）

年干支　丙申
月干支　丙申
日干支　丙寅

★生年月日2（一九八四年のある日）

年干支　甲子
月干支　辛未
日干支　乙卯

命式を出した限りでは、二人の間に「生まれ変わり」云々などと言えるような因縁めいたものは、私には見つけられなかった。

「そうですか。やっぱり被害妄想なのかしら……でも、どうしても納得できなくて」

ＦＡＸで命式を送って説明すると、橋田さんは憂鬱そうにため息をついた。

「なにかお悩みですか。このお二人が一緒になって、橋田さんをどうとかっておっしゃっていましたけど」

気になった私は、そう水を向けた。

すると電話の向こうで、ちょっと緊張したような気配がする。だがやがて、橋田さんは覚悟を決めたように言った。

「先生、聞いてもらえますか。実はこの二人、どちらも『静子』というんです。一人は私を恨んで死んでいった姉。そしてもう一人は……愛人なんです。私の息子の」

橋田さんにはその昔、静子という名の姉がいた。

三つ違いだった。

静子には、将来を誓いあった恋人がいた。大学を出たばかりで、地元の一流商社に勤める爽やかな好青年だ。

静子は、当時二十歳。橋田さんは十六歳の女子高生。タイプこそ違え、二人はどちらも界隈では、美人姉妹として有名だった。

淑《しと》やかで万事に奥ゆかしいタイプの静子と、天真爛漫で明るい橋田さんは、とても仲のいい姉妹だった。

だが、そんな二人に運命の悪戯が起きる。そして二人の関係は、二度と修復できないものになった。

静子の恋人だった青年と、橋田さんができてしまったのである。

橋田さんは姉を思って青年の求愛を拒みつづけたが、本音では彼に好感を抱いていた。そんな自分を、結局ごまかしきれなかった。

可愛がっていた妹と恋人の関係に気づいた静子は、ショックのあまり半狂乱になり、やがて、心を病んだ。

「覚えてなさい。必ず帰ってくる。あなたの人生メチャメチャにしてやるから……姉はそう書き残して、自ら命を断ちました。入水自殺でした」

電話の向こうの橋田さんの声は、どんよりと重苦しさを増した。

静子がまだ二十一歳を迎える前のことだったそうである。

そうしたなりゆきもあり、両親は当然、橋田さんと青年の結婚に反対をした。だが、彼を慕う橋田さんの気持ちは、もう誰にも止められなかった。

――結婚を許してくれないのなら、私も死ぬ。

持ち前の明るさを失い、悲愴な顔つきで言いはる愛娘に、両親はしかたなく折れた。

こうして彼女は橋田という姓を手に入れ、両親の不安や心配をよそに、愛する夫と幸せな人生を歩みはじめた。

橋田家は、静子の自殺とその不気味な予言という忌むべきものはありながらも、人もうらやむ順風満帆な暮らしだった。

夫は順調に出世を果たし、橋田さんは貴史さんという可愛い一粒種にも恵まれた。

貴史さんは子供のころから聡明で成績もよく、地元の進学校から東京の一流大学に進み、卒業後は大手電機メーカーに就職した。

三つ年下の、美しい伴侶である彩花さんにも恵まれた。

二人の男の子もさずかった。

会社は橋田さんの地元にも支社があったため、貴史さんはそこへの異動を希望し、五年前には故郷に戻って、両親のすぐ近くで暮らすようにもなったという。

可愛い息子夫婦ばかりか、孫たちまでもが身近で暮らすようになってくれた生活に、橋田さんは夫二人、手放しで大喜びをした。

「ところが、それがいけなかったんです。貴史たちがこちらに戻ってくると同時に、私たちの生活には、突然、不気味な影がさすようになりました」

橋田さんはそう言って、さらに話をつづけた。

不気味な影――キーワードとなったのは、貴史さんの愛人としていきなり橋田家の物語に登場するようになった「静子」という女性である。

静子は、小さな小料理屋を営んでいた。

こちらで働きはじめるようになってほどなく、貴史さんはその店を偶然訪れ、それが縁で静子と深い仲になっていった。

歳は、貴史さんより六歳ほど下だった。

「家にも帰ってこないことが多くなりました。最初は仕事のせいだと、私たち夫婦も息子の嫁も思っていたんですけど、その内、息子の浮気が発覚したんです。相手の名前が静子だと聞いたときには、鳥肌が立ちました」

貴史さんはあれよあれよという間に、静子の虜になった。

妻の彩花さんや橋田さんにどんなに説得されても、いや、されればされるほど、よけい静子に執心し、彼女の店や家に入り浸るようになった。

――俺と静子の出逢いは運命だった。俺はあいつの子供がほしい。

信じられないことに、貴史さんはそんなことまで口にするようになっていった。

まさに、人が変わったかのようだった。

「すぐに、懇意にしていた占い師さんに相談しました。だって、やっぱり姉のことが気がかりでしたから。ところが、めったにない相性だと言われてしまったんです。どんな占いかたで占っても、相性抜群と出てしまうんだとか」

占いの結果に、橋田さんはますます焦燥した。

夫の裏切りにショックを受けた彩花さんが、見る見る心を病んで子育てどころではなくなってしまったことも、あせりを増幅させた。

橋田さんは、貴史さんと話しあうだけでは収まらず、静子の店にも乗りこんで、直接、関係の清算を迫ったという。

静子は、同性である橋田さんから見てもとても魅力的な女性だった。姉とはまったく似ていなかったが、貴史が強く惹かれても無理もないと思える美女だった。

だが、このままでいていいわけがない。

「だって『静子』ですよ。どうしたって姉のことを思いだしてしまいます。いよいよ姉が帰ってきたのかしらって思っても、しかたありませんよね」

――あなたの人生、メチャメチャにしてやるから。

思いだされるのは、姉が命と引き換えにこの世に遺した、忌まわしい遺言だった。

恐怖にかられた橋田さんは、なんとか二人を別れさせようとした。

だが、逆に事態は深刻さを増した。

とうとう静子が、貴史さんの子供を身籠もってしまったのである。

貴史さんは強硬に、妻と離縁したいと主張した。ほしいなら、二人の子供も財産も、すべて妻に与えるとまで言った。

橋田さんも、完全に平常心を失った。

ついには人づてに紹介された拝み屋まで頼り、息子と静子の恋がまちがっても成就することがないよう、黒い祈りを必死に捧げた。

「その甲斐あって……と言ってもいいんだと思います。結局、子供は死産に終わりました。それどころか静子もまた、産後の肥立ちが悪くて命を落としたんです」

高いお金を払って拝み屋にまですがった労が報われたと、橋田さんは思った。

とにかくこれで一件落着だと。

修復不可能にも思える深い傷跡を残しながらも「子供たちのために」と説得され、渋々貴史さんも家族たちのもとに戻った。

ところが――。

「それは、すべてのはじまりに過ぎなかったみたいなんです」

電話の向こうの橋田さんの声は、聞きかえさなければならないほど、か細いものになっていた。

「すべてのはじまり」は、三年前のことだった。

橋田さんの夫が交通事故に遭った。事故なんかどうしたら起きるのだろうと思えるような交差点で、後期高齢者の老人が運転する車に撥ねられた。

運良く一命は取りとめたが、事故で頭を強く打った。

そのため、まだ六十四歳の若さだというのに認知症に似た症状を発症させ、そんな状態で日々を送らなければならなくなった。

「そしてその内、家のまわりを徘徊するようになってしまったんです。何度連れ戻しても、いたちごっこでした。しかも、いったいなんのために外に出ていくのって聞くと『貴史の娘を一人にしておけないだろう』とわけの分からないことを言って怒るんです。必ずでした」

貴史さんが正妻との間に設けた子供は、前述の通り二人とも男の子である。

だが、静子が死産した子供は女の子だったという。

それからほどなく、橋田さんの夫は土左衛門になって発見された。家から二キロも離れたところにある川だった。

川。

水。

橋田さんはいやでも、入水自殺をした姉を脳裏に蘇らせた。

「そうしたら、今度は彩花……息子の嫁です」

心を病んだまま、帰ってきた夫と暮らしはじめた彩花さんは、何度も貴史さんと衝突した。子供たちはおろか近所の住民たちまで巻きこんで、派手な修羅場を演じるようになった。

そんな暮らしに耐えきれず、貴史さんはまたも家を飛びだした。アパートを借り、一人で生活をするようになった。

するとほどなく、家の風呂場で彩花さんが死んだ。

「たっぷりとお湯を張った浴槽の中で息絶えていました。まるで、溺れたようにも見えました。でも、小さなお風呂ですよ。どうやったら溺れられるというんでしょう」

精神に異常をきたしていた彩花さんは、いつも、

『女と娘が来るの。昨日も来たの。今夜もきっと来るの』

錯乱状態でわめいては、二人の男の子をおびえさせていた。

彩花さんの死は、もうこれ以上、孫たちを不安な目に遭わせられないと、自分たちで孫

を引き取り、彩花さんを入院させようと動きはじめていた矢先のことだった。

「結局、孫たちは嫁の両親に引き取られてしまいました。なりゆきがなりゆきでしたし、こちらも強いことは言えなかった。それに、もうこの街にはいたくないと、孫たちが強く主張したことも大きかったですね」

橋田さんは重苦しい口調で言った。

それが、一年ほど前のことだという。

それからほどなくして、貴史さんは生家に戻ってきた。

すべてを犠牲にして愛した女性と、彼女との愛の結晶を失っただけでなく、元々の家庭すら完全に崩壊させた貴史さんは、抜け殻のようだった。

「会社も長期休暇を取って、家に引きこもるようになりました。以前は明るく快活な子だったのに、性格も顔つきも別人みたいになってしまって。しかも——」

橋田さんは言った。

「今度は貴史のまわりで、気持ちの悪いことが頻発するようになったんです」

家に引きこもるようになった貴史さんは、あまり自分の部屋から出てこなくなった。

だが気がつくと、時折誰かとブツブツとしゃべったり笑ったりしている。

しかし、貴史さんを訪ねてくる人など、そのころにはもういなくなっていた。それに、人とのつきあいを拒絶する貴史さんが誰かを部屋に入れるはずもない。

ところが、貴史さんの部屋から漏れてくるブツブツは、その後もずっとつづいた。

それどころか、

「最初は空耳かと思ったんですけど、若い女の声や、小さな女の子の笑い声まで聞こえてくるようになったんです。それと……どうしてだか、水を浴びるような音も」

橋田さんはそう声をふるわせた。

薄気味悪くなった橋田さんは、あるときこっそりと、貴史さんの部屋を覗こうとしたという。

少年だったころ、貴史さんが勉強部屋として使っていた二階の一室。

夜更けになっても部屋からは、楽しそうな貴史さんの声と、若い女や小さな女の子の黄色い声が聞こえてくる。

みんなで水浴びでもしているような、奇妙な音も同時にした。

橋田さんは、そろそろと貴史さんの部屋に近づいた。

ふるえる指をノブに伸ばし、そっとドアを開けようとした。喉元から恐怖の塊がせりあがり、今にも叫びそうだったという。

ドアノブを掴んだ。

そっと回す。

音を立てないよう慎重に、細めに扉を開いて部屋の中を見た。

明かりは、すでに消えていた。見れば貴史さんは布団の中で、小さな寝息を立てていた。

――おかしいのは、貴史ではなく私かも知れない。

橋田さんはため息をつき、ドアをもとに戻そうとした。

そのときだった。

橋田さんはギクッとして、貴史さんの枕元を見る。

叫びそうになった。

三歳ぐらいの女の子が、膝を抱えて座っている。

女の子は橋田さんに顔を向けた。

黒目がなかった。

橋田さんはあわててドアを閉じ、転げ落ちそうになりながら一階へと駆け下りた。

「その子……死産した貴史の娘なんじゃないかって思ったんです」

橋田さんは私に言った。

「きっと恨んでいるんです、私を。母親と二人で私のことを……だからやっぱり私、静子という母親は、どうしても姉の生まれ変わりにしか思えなくて――」

「ちょっと待ってください」

橋田さんの言葉を聞いた私は、ふと気になって彼女を止めた。

ドキドキと、心臓の鼓動が増してくる。

「つかぬことをうかがいますが、その亡くなられた息子さんのお嬢さん、お生まれになった日は分かりますか」

すると橋田さんは、分かるはずだと言った。ずっと日記をつけているのだという。

調べた橋田さんは、改めて私に連絡をくれた。

亡くなった娘の誕生日を聞いた私は、大急ぎで万年歴を開いた。そして、その生年月日を六つの干支に変換し終えると、背筋に鳥肌が立った。

★生年月日3（二〇一六年のある日）

年干支　丙申
月干支　丙申
日干支　丙寅
静子

お分かりになるだろうか。

もう一度、橋田さんの姉の生年月日も記す。

★生年月日1（一九五六年のある日）

年干支　丙申
月干支　丙申
日干支　丙寅

「まったく同じなんです。六十年に一度しか起こらない偶然です」

橋田さんにFAXを送り、電話をかけた私の声はふるえていたかも知れない。

「それじゃ……」

橋田さんの声もふるえていた。

「もちろん、ただの偶然かも知れません。また、生年月日の干支がまったく同じだからといって、必ずしもそうだというわけでは決してない。ただ……」

「亡くなった女の子が……姉の生まれ変わりの可能性が……」

「生まれ変わりというものを信じるなら」

電話の向こうで、橋田さんは言葉をなくした。

ゴクッと唾を飲む小さな音が、かすかに耳に届いた。


橋田さんは今も、貴史さんの部屋から聞こえる不気味な声におびえているのだろうか。

白い瞳で橋田さんを見つめた女の子は、それからいったいどうなったろう。

橋田さんからの電話が途絶えてから、そろそろ二か月になる。

あの世の入口

病院の中庭には、桜の樹があった。

子供が入れるぐらいの大きな穴が樹の幹に開いた、見事な老木。

広島と長崎に原爆が落とされ、多くの人々が亡くなった先の大戦から、二十年ほどが経っていた。

当時の日本は高度経済成長期まっただ中。

もはや戦後ではない――経済企画庁が経済白書にそう記述してからも、すでに十年の年月が流れていた。

「そのころなんだよね。それまで見向きもされなかった身体障碍者に、ようやくスポットが当たりだしたのは。障碍者や障碍児を専門に診たり研究したりする病院が全国にボコボコとできはじめたの。私はそういった専門施設の、入院患者第一世代だったのよ」

そう話してくれたのは、私の長年の友人。睦月さんという女性である。

生まれたときから脳性麻痺（ＣＰ）の障碍とともに生きてきた。とても聡明。明るくポジティブ。

年齢は私より三つほど上で、現在は電動車椅子を利用して移動することが多いが、しばらく前からはあるスポーツを習いはじめている。

年齢も障碍もなんのそのといったそのエネルギッシュな生きかたに、正直いつも私は呆気に取られていた。

「でもって……そこで私は、その姉弟と出会ったの。今でも忘れられずにいる二人の友達とね」

そんな私に、睦月さんは遠い昔を懐かしむ顔つきになって話してくれた。


今から半世紀以上も前。

睦月さんがいた専門病院には、四十名ほどの障碍児が入院していた。

二歳から六歳ぐらいのクラスの子が約二十人。それより年長で、十八歳ぐらいまでのクラスの子が、やはり同じ人数はいたという。

「入院が必要なぐらいだからね。わりと重度な子が多かった。半数は車椅子にも乗れないくらい」

入院患者の障碍別の内訳は、八割から九割が脳性麻痺だった。他はポリオやサリドマイド、水頭症などの子だったという。

病院は二階建てで、玄関を入ってすぐが外来。一階の奥には手術室やレントゲン室、脳波検査室やリハビリ室があった。

もっとも、当時はまだ「リハビリ」などという名称はなかったようだが。

睦月さんたちが一日のほとんどを過ごす部屋は、二階にあった。

食堂、プレイルーム、病室が一つになった造りで、広々としたその部屋には、子供たちが落ちないよう柵のついた鉄製のベッドがずらりと並べられていた。

「とても暗い病院でさ。よくあるでしょ、ほら、おばけ屋敷みたいな病院っていったらこんな感じ、みたいな。そんなイメージの施設だったと思ってもらえればまちがいないかな」

睦月さんはそう言って笑う。

「元々米軍基地だった跡地に建ったらしいのよね。しかも、じゃあ基地になる前はなんだったんだと言えば、墓地だったんだって」

だから、病院を建設しようとする工事中には、人骨がざくざくと出てきたという。

病院の中庭には、こんもりと盛りあがった茂みのようなところがあったが、そこには工事のときに出てきたたくさんの骨が埋まっているという噂も、まことしやかに囁かれていた。

茂みは、お腹に穴の開いた桜の老木のすぐ近くにあった。

「病院の建物の奥には、一階と二階を結ぶスロープがあってさ。私たちは車椅子に乗ったりしてそこを移動するんだけど、全然日が当たらない暗い印象だったわね。しかも、そのスロープのちょうど下あたりにお墓があったらしくて、踊り場を通ると不気味な声が聞こえてきたりして。だから『夜九時過ぎにスロープを通っちゃいけない』とか、そんなことでキャーキャー騒いだ記憶もあるな。はは。懐かしいよね」

睦月さんはそんな風に記憶をたどり、いよいよ核心の二人へと話を進めた。

「えっちゃんっていう六歳のお姉ちゃんと、勝君っていう一歳年下の男の子。メチャメチャ仲のいい姉弟でさ。私はえっちゃんと友達だったから勝君とも親しくて、よく一緒に遊んだりしたのよ。えっちゃん、すっごい美人でね。色も白くてさ。そんなえっちゃんに、気の小さい大人しそうな勝君が甘えているのがとっても微笑ましかった」

幼い姉弟も、睦月さんと同様ＣＰだった。

二人とも、左右二本の手に松葉杖をつき、しかも腰から下には重い下肢装具を装着してでないと、安心して歩けもしないような症状だったという。

「だから誰もが、二人が遠くから歩いてくると、すぐに誰なのか分かったんだよね」

ドン、スーッ。

ドン、スーッ。

二本の松葉杖で床をつき、つづいて足の先が床をこする音がする。

大きめなのが、えっちゃんの足音。

身体が小さかった勝君の足音は、それよりも軽量だった。

「友達が少なかった勝君は、いつもえっちゃんに、それこそ金魚のフンのようにまつわりついていた。えっちゃんもそんな弟を可愛がって、勝君が他の子にいじめられたりすると、代わりに喧嘩を買ってでるような弟思いのお姉さんだったわね」

ところが、そんな勝君がある日突然、命を落としてしまう。

「理由は覚えていない。なにしろ子供だったからね、こっちも。お医者さんや看護師さん……当時は『看護婦さん』だけど、勝君、そうした大人たちにあわてて部屋から連れだされて、手術室に入って……緊急手術をしたみたいなんだけど、予後がよくなかったってことだよね。それからしばらくして亡くなっちゃった」

勝君が逝ってしまったのは、春のある日のことだった。

小さな中庭に立つ老木は、桜の花を満開に咲かせていた。

太い幹に黒々と開いたうつろな穴は、まるであの世の入口のようだったという。

「残されたえっちゃんが、小さなベッドの中でずっとしゃくりあげていたことだけは、よく覚えてる。多分、お父さんやお母さんも来たんじゃなかったかな。そしてそれから何日もの間、えっちゃんのいたベッドはぽっかりと主不在になって……しばらくぶりに帰ってきたときには、ずいぶん無理して笑ってたけど、結構やつれたように感じたな。そして——」

それからなの。病院に異変が頻発するようになったのは——睦月さんはそう言って、いくぶん表情を強ばらせた。

最初の異変は、手術室で起きた。

突然部屋に電気が点き、職員が不審に思って消そうとすると、子供の泣き声が聞こえてくるというのである。

「その話は、またたく間に職員さんに広がったどころか、私たち子供たちにまで伝わって。しかも誰かが気づいちゃったのよね。手術室に電気が点く時刻って、勝君がかつぎこまれた時間とドンピシャリだって」

その時間は、深夜の十二時半。

手術室では一か月の間に二度か三度、日付が変わって三十分もすると、突然パッと明かりが点った。

半年近くはつづいたのではないかと睦月さんは言う。

職員たちはこの怪異を気味悪がり、手術室に行くことをいやがるようになった。

もちろん睦月さんたち子供も、夜九時過ぎのスロープにつづき、今度は深夜十二時半の手術室が鬼門になった。

ただ一人、こっそりと病室を抜けだしては、頻繁に手術室を訪れるようになったえっちゃんを除いて。

「あれ、えっちゃんがいないと思って、ベッドを抜けだして探しに行くと、手術室の前にぽつんと立っていたことが何回もあった。両手に松葉杖を抱えて、立ったままじっと手術室を見ているの。子供心に声がかけづらくてさ。胸を締めつけられるような思いで、うしろ姿を見ていたっけ」

そんな日々は、一年近くもの長きにわたった。

そしてとうとう、次なる異変が起きる。

「そうなの。あれはね……たしか、夜中の三時ごろだった」

……ドン、スーッ。

遠くから。

……ドン、スーッ。

杖の音と、足音がした。

……ドン、スーッ。

……ドン、スーッ。

え。

え。え。え。

目をさまし、その音を聞いた者は誰もが耳を疑った。

それは、懐かしくこそあるものの、決して聞いてはいけない音。

あり得ない音。

でも、まちがいない。

勝君が、帰ってきた。

「遠くから、ゆっくりと近づいてくるの。スロープを上がる。角を曲がる。廊下を歩く。そして、私たちのいる病室に、ドン、スーッ、ドン、スーッて近づいてくる。その音を、みんながはっきりと耳にしたの。私とえっちゃんは隣同士だったのね。音に気づいて起きた私は、おしっこを漏らしそうなぐらいパニックになっていたと思うけど、寝ていた彼女を『えっちゃん。えっちゃん』って反射的に起こしてしまって。寝ぼけながら起きたえっちゃんは、近づいてくるその音を知って、驚いたように顔を引きつらせた」

……ドン、スーッ。

……ドン、スーッ。

勝君は、部屋に入ってきた。

もちろん姿は見えない。少なくとも睦月さんには。

睦月さんとえっちゃんのベッドは部屋の奥――窓に近い側にあった。目をさました誰もが、息すらできずにフリーズしたまま、音と気配を追った。

杖の先が床をつく。

足を引きずる音がする。

杖の先が床をつく。

足を引きずる音がする。

緊張感が高まった。勝君の足音は、えっちゃんが身体を起こしたベッドのかたわらで、止まった。

「空気が張りつめるっていうのは、ああいうことを言うのよね。何人ぐらいが起きていたのか、今となっては分からない。でも、ベッドに身を起こした子供たちは、固唾を呑んで私たちのほう――えっちゃんの様子を見ていたっけ」

えっちゃんは、ピンと背筋を伸ばして座っていた。

信じられないものでも見るように、じっとなにかを見つめている。

部屋の明かりは落ちていた。

閉ざされた厚いカーテン越しに青白い月明かりが射しこみ、えっちゃんの姿をぼんやりと浮かびあがらせている。

それは夢幻の光景だった。

やがてえっちゃんは、その見えないものと、ボソリ、ボソリと、小声でなにごとか言葉を交わしはじめた。

なにを言っているのかは分からない。

聞こえてくるのは囁き声だけだ。

だがやがて、えっちゃんが嗚咽しはじめた。顔を覆い、小さな身体をふるわせて身も世もなく泣きじゃくる。

張りつめていた緊迫感が嘘のように消えた。

勝君がいなくなったのが分かった。

誰かが泣きはじめた。

それをきっかけに、あちこちから火の点いたような泣き声が連鎖する。

「あわてて看護師さんが飛びこんできて、部屋の明かりを点けたんだった。『どうしたの。

どうしたの』って、わけの分からない事態に看護師さんも動揺して」

それでもみんなは泣き止まない。

途方に暮れたように、看護師はオロオロするばかりだった。

えっちゃんは美しい顔を両手で覆い、ひっく、ひっくとしゃくりあげつづけた。

そして、翌日。

えっちゃんは急逝した。


「ほんとに突然のことでさ。前の晩の一件もあったから、ちょっとした騒ぎになったわよ。もちろん、子供だった私たちには、これまた詳しい死因は分からない。でも、ＣＰの子は二次障碍を持っていることがほとんどだし、それが関係していたのかも知れないわね。とにかくほんとに、呆気ないほどの突然死だった」

しばらくの間、施設の子たちはその話題で持ちきりだったという。

睦月さんはそんな仲間たちとあでもないこうでもないと語らいながらも、時折一人で部屋を抜けだし、中庭の桜を見にいった。

ついこの間まで満開だった桜の樹は、薄紅色の花びらをヒラヒラと雪のように舞わせる時季になっていた。

樹の幹に開いた黒々とした穴は、やはり相変わらず、あの世への入口にしか見えなかった。

だが、うつろな穴をぽっかりと開けた桜の老木は、奇妙な美しさも感じさせた。

「今でも思ってるよ。あの桜の樹に開いた穴から、勝君は出てきたんだって。あの穴から現れ、スロープを上がって二階にいるえっちゃんのもとまで訪ねてきたんだって。今ごろ……なにをしているのかね、二人とも」

睦月さんはそう言って微笑み、とても遠い目つきになった。

ちなみにえっちゃんが逝ってしまったのは、勝君が亡くなってからぴったり一年後。

弟と同じ四月三日のことだった。

あとがき

結城武彦と申します。

算命学という占術を使い、日々、さまざまなお客様のご相談に応じています。

私が初めてこの不思議な占術を知ったのは……って「おい、この文章、どこかで読んだぞ！」ですよね。

失礼しました。でもよく見ると、名前が違っていることに気づいていただけるのではないでしょうか。

幽木武彦、ではなく——結城武彦。

結城武彦である私は、ネットを主戦場とした占い師（ちょっとだけ、小説も）。

そして幽木武彦は、そんな私が日々の鑑定活動を通じて出会ったさまざまな怪異の語り部としてこの世に誕生した、もう一人の私です。

もちろん、幽木武彦＝結城武彦と考えてもらって、一向にかまいません。

でも、私がどこかで、鑑定を通じて日々お客様と向きあう占い師としての自分と、怪談の語り手として怪異の数々をご紹介する人間との間に、ちょっと一線を引きたいと思ったのもまた事実です。結城武彦と幽木武彦は、虚実の皮膜でひとつにつながる、合わせ鏡のようなものだとでも思っていただければ幸いです。

いずれにしましても、お客様との幸福な出逢いによって蒐集される怪異の数々を、今後も機会があれば、ぜひ幽木武彦というキャラクターを通じてみなさんにお伝えできればと思っています。

と言いますか、実はもうすでに、またいろいろと集まってきているのです。

「ええっ!?」と絶句してしまうようなドラマ。グロテスクなお話。算命学とリンクしたぞっとせざるを得ない怪異。そして、哀切極まりないエモーショナルな怪談——。

そんな、現役占い師ならではの怪異譚の続編を、ぜひ楽しみにお待ちいただければと思います。私に怖い話を聞かせてくれたたくさんのお客様、友人・知人と、この本を読んでくださった読者のみなさんお一人お一人に、心からの感謝を捧げます。

令和二年七月　結城武彦／幽木武彦

算命学怪談　占い師の怖い話

2020年9月4日　初版第1刷発行

著者　幽木武彦

カバー　橋元浩明（sowhat.Inc）
発行人　後藤明信
発行所　株式会社　竹書房
〒102-0072　東京都千代田区飯田橋2-7-3
電話03-3264-1576（代表）
電話03-3234-6208（編集）
http://www.takeshobo.co.jp
印刷所　中央精版印刷株式会社

定価はカバーに表示しています。
落丁・乱丁本は当社までお問い合わせ下さい。

ISBN978-4-8019-2385-0 C0193